V&R

Meditative Zugänge

zu Gottesdienst und Predigt

Predigttext – Reihe II,2

Rogate bis Ewigkeitssonntag

Herausgegeben von
Gerhard Ruhbach, Anselm Grün
und Ulrich Wilckens

Vandenhoeck & Ruprecht
in Göttingen

Schriftleitung: Dr. Gerhard Mellinghoff

Die Deutsche Bibliothek – CIP-Einheitsaufnahme

Meditative Zugänge zu Gottesdienst und Predigt. – Göttingen:
Vandenhoeck und Ruprecht.
Predigttext-Reihe 2.
2. Rogate bis Ewigkeitssonntag / hrsg. von Gerhard Ruhbach ... – 1992
ISBN 3-525-60267-7
NE: Ruhbach, Gerhard [Hrsg.]

Umschlag: Michael Rechl, Wanfried
unter Verwendung des Motivs
„Scheibenkreuz, 7. Jh. Clonmacnoise", aus:
Jörg Zink, Dia Bücherei Christliche Kunst.
Band 6. Verlag am Eschbach 1982.

Gesetzt aus Sabon auf Linotron 202 System 4
Satz und Druck: Gulde-Druck GmbH, Tübingen
Bindearbeit: Hubert & Co., Göttingen

Inhalt

Rogate – 1. Timotheus 2,1–6a 177

Christi Himmelfahrt – Apostelgeschichte 1,3–4(5–7)8–11 ... 181

Exaudi – Epheser 3,14–21 186

Pfingstsonntag – Apostelgeschichte 2,1–18 190

Pfingstmontag – 1. Korinther 12,4–11 195

Tag der heiligen Dreifaltigkeit/Trinitatis –
Römer 11,(32)33–36 200

1. Sonntag nach Trinitatis – 1. Johannes 4,16b–21 205

2. Sonntag nach Trinitatis – Epheser 2,17–22 209

3. Sonntag nach Trinitatis – 1. Timotheus 1,12–17 213

4. Sonntag nach Trinitatis – Römer 14,10–13 219

5. Sonntag nach Trinitatis – 1. Korinther 1,18–25 223

6. Sonntag nach Trinitatis – Römer 6,3–8(9–11) 228

7. Sonntag nach Trinitatis – Apostelgeschichte 2,41a.42–47 ... 232

8. Sonntag nach Trinitatis – Epheser 5,8b–14 237

9. Sonntag nach Trinitatis – Philipper 3,7–11(12–14) 242

10. Sonntag nach Trinitatis – Römer 11,25–32 247

11. Sonntag nach Trinitatis – Epheser 2,4–10 251

12. Sonntag nach Trinitatis – Apostelgeschichte 9,1–9(10–20) 256

13. Sonntag nach Trinitatis – 1. Johannes 4,7–12 261

14. Sonntag nach Trinitatis – Römer 8,(12–13)14–17 264

15. Sonntag nach Trinitatis – 1. Petrus 5,5c–11 270

16. Sonntag nach Trinitatis – 2. Timotheus 1,7–10 274

17. Sonntag nach Trinitatis – Römer 10,9–17(18) 279

18. Sonntag nach Trinitatis – Römer 14,17–19 283

19. Sonntag nach Trinitatis – Epheser 4,22–32 288

20. Sonntag nach Trinitatis – 1. Thessalonicher 4,1–8 292
21. Sonntag nach Trinitatis – Epheser 6,10–17 297
22. Sonntag nach Trinitatis – Philipper 1,3–11 301
23. Sonntag nach Trinitatis – Philipper 3,17(18–19)20–21 ... 305
24. Sonntag nach Trinitatis – Kolosser 1,(9–12)13–20 309
Drittletzter Sonntag des Kirchenjahres – Römer 14,7–9 314
Vorletzter Sonntag des Kirchenjahres –
Römer 8,18–23(24–25) 318
Buß- und Bettag – Römer 2,1–11 323
Letzter Sonntag des Kirchenjahres/Ewigkeitssonntag –
Offenbarung 21,1–7 328
Erntedanktag – 2. Korinther 9,6–15 332
Tag der Geburt Johannes des Täufers, 24. Juni –
Apostelgeschichte 19,1–7 337
Tag des Erzengels Michael und aller Engel, 29. September –
Offenbarung 12,7–12a(12b) 341
Gedenktag der Reformation, 31. Oktober – Römer 3,21–28 ... 346

Autorenverzeichnis 350
Bibelstellenregister 351

Hinweise

Abkürzungen:
EKG = Evangelisches Kirchengesangbuch
GL = Gotteslob. Katholisches Gebet- und Gesangbuch
LPO = (Evangelische) Lese- und Predigttextordnung, Reihen I–VI
OLM = Ordo lectionum missae: Lesejahre A, B, C (Sonntage) und Reihen I, II (Wochentage) der römisch-katholischen Kirche

Die Ziffern im Text bedeuten
I = liturgische Einordnung
II = exegetisch-theologische Vertiefung
III = meditative Erschließung

In Kursivdruck erscheinen Stichworte, die in das Register aufgenommen werden.

Rogate

*1. Timotheus 2,1–6 a**

I

Mitten in der österlichen Freudenzeit feiern wir heute Rogate, den Sonntag des Betens. So reich und unbegreiflich ist die Osterbotschaft, daß der Christ in jedem Jahr viele Wochen braucht, um sich neu in diese Botschaft einzuüben. Denn es geht hier nicht nur um ein Kennenlernen, sondern um ein fortschreitendes Hineinwachsen. Jeder Sonntag der Osterzeit nimmt uns gewissermaßen an der Hand und führt uns immer tiefer hinein in die schon angebrochene neue Dimension unseres Glaubens, den Osterglauben. Die vergangenen Sonntage forderten uns auf, zu jubeln (Jubilate) und zu singen (Kantate). Nun schließt sich das Beten an. Nicht immer ist es uns nach jubeln und singen zumute; aber gerade im Gebet vor Gott öffnen wir uns den unaussprechlichen Geheimnissen, damit sie unser Leben von innen her durchdringen können. Dieser Sonntag erinnert uns daran, daß das äußere Wort, das uns im Gottesdienst begegnet, die Übereinstimmung mit unserem tiefsten Herzen sucht. Wenn wir beten, dann geschehe es nicht nur mit unserem Munde, sondern dann sei „das Herz im Einklang mit unserer Stimme“, sagt die Regel des Mönchsvaters Benedikt. Von der Auferstehung Jesu her ergeht an uns der Ruf, betende Menschen zu werden, Menschen, die sich von innen her der Botschaft öffnen, daß durch Ostern „alles neu geworden ist“ (2. Kor 5,17). Denn Beten heißt ja nicht in erster Linie, mit Gott zu sprechen, sondern: mit Gott in Berührung zu kommen. Das kann im Hören und Antworten geschehen, aber ebenso im Schweigen, im Zweifel oder im Brennen des Herzens, im Fragen oder im Staunen, im Singen oder im Danken.

---

* OLM: (V. 1–8) 25. Sonntag im Jahreskreis (C)

II

Der 1. Timotheus-Brief stammt vermutlich von einem Schüler des Apostels Paulus. Sein Anliegen ist der Aufbau einer sinnvollen Gemeindeordnung. Die Gebetsanweisungen unserer Textstelle waren ursprünglich Anweisungen für das gottesdienstliche Gemeindegebet. Doch wenn das gemeinsame Gebet im Gottesdienst seine Wurzel nicht im Gebet des einzelnen hat und von dort seine Nahrung bekommt, wird es leer und wirkungslos. Die Perikopenordnung hat diesen Abschnitt dem Sonntag Rogate zugeordnet, weil hier vom Gebet die Rede ist. Aber wir dürfen darüber nicht aus dem Auge verlieren, daß das Hauptanliegen dieses Textes erst in den weiteren Versen aufleuchtet: Es ist die Zusage des uneingeschränkten Heilswillens Gottes, der jedem Menschen gilt. Selten wird das in der Bibel so deutlich ausgesprochen wie an dieser Stelle. Und aus diesem Willen Gottes heraus, allen Menschen zu helfen, begründet sich die Aufforderung zum Gebet, vor allem für die Fürbitte: damit das Heil Gottes zu den Menschen hinströmen kann. Wie ein Kanal leitet es die lebenschenkenden Wasser Gottes zu den Menschen hin, die sie brauchen, damit das Heil Gottes an ihnen geschehen kann.

Der Schreiber des Briefes unterscheidet einzelne Möglichkeiten des Betens: Lobpreis, persönliches sowie liturgisches Beten, Fürbitte und Danksagung. Das zeigt keine Rangordnung an. Eher erleben wir hier ein meditierendes Umkreisen, das Beleuchten eines Anliegens von unterschiedlichen Sichten aus. Diese vier Ausdrücke für das Beten sind nicht genau voneinander abzugrenzen: durch sie alle macht sich der betende Mensch zum Kanal, der dem Heilswillen Gottes in diese Welt hinein Raum verschafft.

III

Manchmal gibt es Augenblicke unseres Lebens, in denen wie traumhaft ein Gedanke aufleuchtet, der eine neue Sicht ermöglicht. So kurz solche Augenblicke auch sein mögen – sie können einen neuen Wegabschnitt eröffnen.

Solche *„Träume"*, solch ahnungshaften neuen Sichtmöglichkeiten könnte dieser Text in uns aufbrechen lassen: Was könnte aus meinem Leben werden, wenn bei mir das *Beten* wirklich die erste Stelle einnähme? „Allem andern voran", ermahnt unser Textabschnitt zum Gebet. Es tut gut, wenn menschliches Leben nicht mehr richtungslos umhertreibt, sondern zu einer klaren inneren Struktur findet: Was ist mir das Wichtigste in meinem Leben und was kommt dann erst an zweiter oder gar an dritter Stelle? Welche Kräfte könnten sich in mir entfalten, wenn sich mir ein lohnendes Ziel auftäte, um dessentwillen es sich zu leben lohnt! Vielleicht erinnern wir uns daran, welche Lebensenergien in uns schon einmal freigesetzt wurden, als wir etwas Schönes vorhatten, für das wir manche Mühe auf uns nahmen! Unsere Frage könnte auch anders lauten: Wir würde wohl mein Leben aussehen, „wenn Gott wirklich Gott wäre" – wenn das alles wirklich stimmte, was ich einmal im kirchlichen Unterricht gelernt habe – was die Bibel sagt?... Wenn Gott umfassender wirklich wäre als alles, was ich sichtbar und erkennbar um mich her erlebe?... Sicher wäre es gut, sich diesem Gedanken eine Zeitlang auszusetzen.

Und wenn ich nun diesem Gott der Liebe, der sich nichts anderes wünscht als das *Heil* unserer armen, gefährdeten Welt – wenn ich diesem Gott in meinem Gebet nahekommen, ihn wahrhaft berühren könnte?... Wenn das geschehen könnte – auch dann, wenn mein Beten ganz stammelnd, ganz unbeholfen wäre – wenn es vielleicht aus nichts anderem bestünde als aus einer unbestimmten Sehnsucht nach „ich weiß nicht was", wie der bedeutende spanische Mystiker, Johannes vom Kreuz, vor 400 Jahren sagte?...

Wenn wir vom „Traum" sprechen, von traumhaften Möglichkeiten, wacht sofort die Frage in uns auf: Träumen wir da nicht einen zwar schönen, aber doch unwirklichen Traum?... Menschliche Träume brauchen nicht unwirklich zu sein! Daß sie sich verwirklichen können, haben wir in unserer Zeit ganz neu erfahren! Besonders dann, wenn der „Traum" eines einzelnen von vielen mitgeträumt wurde!

Könnten wir nicht einmal versuchen, mit diesem „Wenn" zu leben, so etwa wie Wissenschaftler mit einer bislang unbewiesenen Hypothese zu arbeiten wagen, um dann zu entdecken, daß sich ihr „Traum“ als ein neuer Schlüssel zur Wirklichkeit erweist? Ohne solches Wagnis von Wissenschaftlern hätten wir heute vielleicht noch immer Tuberkulose und Kindbettfieber als unheilbare Krankheiten.

Wenn ich es also einfach einmal zu träumen wage, daß meine tiefe *Sehnsucht* nach Liebe, meine tiefe Sehnsucht nach einer heilen Welt nicht ins Leere geht, sondern ein Zeichen ist für die Wahrheit dieses Gottes der Liebe, der das Heil aller Menschen will! Und gibt es ein Zeichen dafür, daß ich mit diesem Gott in meinem Gebet wahrhaft Verbindung aufnehmen kann, daß es darin zu einer Begegnung der Liebe zwischen diesem heiligen Gott und mir kleinem Menschen kommen kann? Wenn das so wäre, wüßte ich dann nicht in meinem eigenen tiefsten Inneren, daß Beten nicht „Nebensache“ bleiben kann, sondern wirklich „allem anderen voran“ gehen sollte?...

Ich kenne Menschen, die so leben: Die ersten Stunden eines jeden Tages gehören dem Gebet, gehören der *Begegnung* mit Gott. Wer einmal in einem Benediktinerkloster zu Gast sein darf, erlebt es hautnah: Menschen, die Gott wirklich Gott sein lassen, die ihm „allem anderen voran“ die ersten Stunden eines jeden Tages schenken, werden dadurch nicht blind, sondern sehr sensibel und hellhörig für die Nöte aller Menschen, die ihnen begegnen. Bei solchen Menschen kann ich mich auf- und angenommen fühlen, kann ich zu mir selbst finden, darf ich wirklich ich selbst sein. Wer für andere betet, wird auch in seinem Leben für andere da sein; da gibt es keine Trennung zwischen Gebet und Dienst.

Damit berühren wir schon den zweiten „Traum“, den uns unser Textabschnitt träumen läßt: Wenn das stimmt, daß Gott wirklich das Heil, den Frieden, die Gesundung dieser Welt will – heute und hier – und wenn sich dieser Heilswille Gottes durch unser Beten hindurch verwirklicht – welche bislang ungeahnte *Würde* bekäme dann unser ganzes Leben! Welche Verantwortung überträgt uns Gott dann auch! Gott gebraucht unser Gebet „für alle Regierenden“, damit wir das Weltgeschehen in seinem Sinne und nach seinem Willen mitbestimmen! In dem Wort „gebrauchen“ steckt ein anderes Wort: Gott braucht uns dazu, unsere aufs höchste gefährdete Welt zu erretten! „Wenn das stimmte“ – dann hinge das Schicksal dieser Welt nicht in erster

Linie ab von den klugen Gedanken der Politiker, sondern auch diese rettenden Gedanken hätten ihre verborgene Wurzel in unseren Gebeten!

Seit den Anfängen der Kirche wissen die Christen, welch hohe Aufgabe die *Fürbitte* hat. Aber wie kann nun konkret solche Fürbitte aussehen? Die „Väter" hatten da klare Antworten bereit: Beginne dein Gebet immer damit, daß du Gott für einen Menschen dankst. Dann bekenne deine eigene Schuld – danach wirst du gut für diesen Menschen beten können. Den Wert solcher Anweisungen erkennt man wohl erst dann, wenn man danach handelt: Laßt uns in dieser Weise beten für alle Menschen, besonders für alle, welche Regierungsverantwortung tragen – aus welchem Lager sie auch immer kommen mögen.

Wagen wir es doch, diesen Traum zu träumen, zu leben, als ob es so sei – um zu erfahren, daß es wirklich so ist!

Karin Johne

Christi Himmelfahrt

*Apostelgeschichte 1,3–4 (5–7) 8–11**

I

Das Fest Christi Himmelfahrt ist entscheidend geprägt durch die Aussage der Apostelgeschichte, daß der Herr in Jerusalem auf dem Ölberg am 40. Tag nach seiner Auferstehung feierlich Abschied nahm von seinen Jüngern, nachdem er sie beauftragt hatte, ihn als den Heiland aller Menschen in der Welt zu bezeugen. Damit wurde die Zeit des offenbarenden Wirkens Jesu in der Welt abgeschlossen. Fortan wirkt der Herr durch seine Kirche in der Welt und trägt deren Wirken durch den Heiligen Geist. Der deutsche Begriff ‚Himmelfahrt' gibt die biblischen Um-

* OLM: (V. 1–11) Christi Himmelfahrt (A-B-C)

schreibungen des damaligen Geschehens aber mißverständlich wieder. Der Evangelist Lukas bezeichnet es mit den Worten: hinaufnehmen, Hinaufnahme, ‚analambanein', ‚analempsis' (Apg 1,; vgl. Lk 9,51) oder erhöht werden, ‚hypsothēnai' (Apg 2,33; 5,31). Der Evangelist Johannes spricht ebenso vom Erhöhtwerden (8,28; 12,32). Der letztere Begriff weist zugleich darauf hin, daß der Auferstandene durch „die Erhöhung zur Rechten Gottes" eine neue Stellung und Aufgabe erhält: Ihm übergibt Gott seine Herrschaft, um Kirche und Welt zur endgültigen Vollendung zu führen; vgl. 1.Kor 15,23–28: „Er muß herrschen, bis Gott ihm alle Feinde unter die Füße gelegt hat... Dann wird der Sohn sich dem unterwerfen, der ihm alles unterworfen hat, damit Gott sei alles in allen!" Diese neue Heilsfunktion Jesu Christi umschreibt das frühe Christentum mit dem Titel ‚der Herr'. Das Urbekenntnis der apostolischen Kirche lautet daher: „Jesus ist der Herr!" (s. Apg 2,36; Phil 2,9–11). Insofern feiert die Kirche am Fest Christi Himmelfahrt die Herrschaft ihres Herrn Jesus Christus und bekennt sich zu ihm und damit zugleich zu ihrem Auftrag: „Ihr sollt meine Zeugen sein bis an die Enden der Erde" (Apg 1,8).

In den vielfältigen Gottesdienstformen, die das Fest Christi Himmelfahrt heute begleiten, kann es sehr hilfreich sein, sich auf einen zentralen Aspekt der biblischen Aussagen zu konzentrieren, ihn in Gebeten, Liedern und Texten zu vermitteln. Anhaltspunkt bieten dafür die Lesung aus 1.Kön 8. Dort wird das Gebet des Salomo bei der Tempelweihe berichtet. Zum Evangelium Lk 24,50–53 paßt gut das Graduallied EKG 96 „Jesus Christus herrscht als König...". Zu Triumphalismus wie in Festpsalm 47 besteht heute kein Anlaß, wohl zur Freude.

II

Historisch und theologisch sind Auferweckung, Aufnahme in den Himmel und Einsetzung Jesu in die Herrschaft Gottes ein einziger Vorgang. Die Erscheinungen des Auferstandenen erfolgen immer von Gott her, und zwar in der Weise göttlicher Herrlichkeit und Vollmacht. Das setzen die Evangelien ebenso wie der Apostel Paulus bei ihren Erscheinungszeugnissen voraus. Der Auferstandene bezeugt sich selbst dabei als „der Herr" und erteilt aus dieser Vollmacht heraus seine Aufträge. Darum können die Evangelisten Matthäus und Johannes die Zeugnisse über die Beauftragung ‚der Zwölf' je in eine Szene zusammenziehen, wobei sie auch die Beistandsverheißung des Auferstandenen und die Geistmitteilung als Akt der Bevollmächtigung der Jünger damit verbinden (Mt 28,16–20; Joh 20,19–23). Alle Evangelisten setzen ebenso wie Paulus mehrere Erscheinungen voraus. Es ist daher mit einem bestimmten Zeitraum von Erscheinungen, einer Erscheinungszeit, zu rechnen (vgl. 1.Kor 15,3–11, das älteste Erscheinungszeugnis im Neuen Testament). Der Evangelist Lukas gibt ihn mit vierzig Tagen an. Sachlich gesehen dürfte die Beauftragung der Jünger und ihre Bevollmächtigung zur Mission mit der Letzterscheinung verbunden gewesen sein, die in Jerusalem stattfand. Lukas unterscheidet daher zwischen Erst- und Letzterscheinung, wobei nach ihm die Ausrüstung der Jünger mit dem Heiligen Geist erst nach der letzten Erscheinung Jesu, am ersten Pfingstfest in Jerusalem stattfand.

Das Festgeheimnis von ‚Christi Himmelfahrt' besteht nach dem Neuen Testament in der Inthronisation Jesu in die Herrschaft Gottes und in der Beauftragung seiner Jünger, Boten des Evangeliums zu sein. Nicht der Vorgang der Aufnahme Jesu in den Himmel, das heißt in die Wirklichkeit Gottes, soll am Fest Christi Himmelfahrt vergegenwärtigt werden, sondern die Herrschaft Christi über unsere Welt soll bekannt und verkündet werden.

III

Was bekennen wir Christen, wenn wir im Credo sprechen: „Ich glaube an Jesus Christus, unseren Herrn…, …, auferstanden von den Toten, aufgefahren in den Himmel; er sitzt zur Rechten Gottes, des allmächtigen Vaters!"? Im Brief an die Christen in Philippi zitiert Paulus ein zweistrophiges urchristliches Glaubensbekenntnis. Darin heißt es: „Gott hat ihn über alle erhöht und ihm den Namen verliehen, der größer ist als alle Namen, damit alle (Wesen) im Himmel, auf der Erde und unter der Erde ihre Knie beugen vor dem Namen Jesu und jeder Mund bekennt:

‚Jesus Christus ist der *Herr*' – zur Ehre Gottes, des Vaters" (2,9–11). Die ersten Christen waren überzeugt, daß Jesus Christus seit seiner Auferstehung tatsächlich die Weltgeschichte lenkt und daß er hinter den Christen steht, wenn sie ihn bekennen und für ihn als den Herrn und Heiland der Welt eintreten. Sie waren überzeugt, daß das Heil der Menschen an die Mission und an das seelsorgliche Wirken der Kirche gebunden ist. Sie waren überzeugt, daß ihr Herr die Wege der Kirche und jedes einzelnen Christen in Liebe führt und begleitet und daß er nicht nur die Gebete aller Glaubenden erhört, sondern auch die Geschichte der Menschheit zum Guten, zur Vollendung führen wird.

Die Apostelgeschichte zeigt auf vielfältige Weise, wie die apostolische Kirche durch ihren Herrn geführt und unterstützt wird. Er ist der eigentliche Träger der *Mission* und des Lebens der Gemeinschaft der Glaubenden. Es ist der Herr, der Paulus bekehrt und für die Heidenmission beruft; er befreit Paulus aus dem Gefängnis (12,11–17); er sendet Paulus und Barnabas zur Mission aus (13,1–3); ihm vertraut Paulus seine Gemeinden an (20,32); er steht hinter seinem Wort und verschafft ihm Gehör (12,24); er führt Paulus nach Rom, wo er mit allem Freimut ‚Jesus Christus als den Herrn verkündet' (28,30ff). Der Herr ist es auch, der all jene ‚der Gemeinschaft der *Kirche* hinzufügt, die gerettet werden sollen' (2,47). Der auferstandene Herr ist es, der wie ein Weinstock die einzelnen Christen trägt und belebt (Joh 15,1ff); er bindet sie wie ein lebender Organismus zu einer fruchtbaren *Einheit* zusammen (1.Kor 12,12ff); er ist das *Haupt* des Leibes der Kirche, leitet und belebt sie, läßt sie wachsen und reifen (Eph 4,15; Kol 2,19). Er ist auch das Haupt der Menschheit, der sie durch die Kirche und durch seinen Geist einen, läutern und retten will (vgl. Eph 1,3–10; Kol 1,12–20). Er verbindet die Glaubenden so sehr mit sich und seinem Leben, daß diese an seinem Leben bereits in dieser Welt Anteil gewinnen und der selbst durch seinen Geist in ihnen wohnt und wirkt. Darum auch kann Paulus die Gläubigen auffordern, sich vom Geist Christi leiten zu lassen, um so als neue Menschen zu leben (Röm 8,2.14; 1.Kor 6,17; Gal 5,16.18).

Der Evangelist Matthäus umschreibt den Herrschafts- und Wirkbereich des *Auferstandenen* mit der Bezeichnung „das Reich des Menschensohnes" (13,41). Paulus sieht darin die bereits gegenwärtige Form des Reiches Gottes (Röm 14,17: „Das Reich Gottes ist Gerechtigkeit, Friede und Freude im Heiligen Geist“). Auf das Leben im Wirkbereich des Herrn Jesus Christus, auf die befreienden Kräfte, die durch den Geist Gottes in dem Glaubenden wirken (vgl. Gal 5,22 ff: „die Früchte des Geistes“) und ihm die Freiheit zur Liebe schenken (Gal 5,1.13), gilt es sich am Fest Christi *Himmelfahrt* zu besinnen. Nicht wenige Christen meinen, Christsein heiße, an den dreifaltigen Gott zu glauben, zu beten, Gottesdienste zu besuchen und Sakramente zu empfangen sowie die Gebot zu erfüllen. Aber sie dringen nicht vor in die neue Lebenswirklichkeit, die der Auferstandene ihnen geschenkt hat und durch die er sie beleben und erfüllen will. Auch sind sie nicht überzeugt, daß der Herr Jesus Christus letztlich die Geschichte lenkt und daher alles zum Guten führen wird.

Paulus drückt das, worauf es ankommt, mit der *Inthronisation* Christi auf eindrucksvolle Weise aus: „Wir wissen, daß Gott bei denen, die ihn lieben, alles zum Guten führt..., denn alle, die er im voraus erkannt hat, hat er... dazu bestimmt, an Wesen und Gestalt seines Sohnes teilzuhaben, damit dieser der Erstgeborene von vielen Brüdern sei... Ich bin gewiß: Weder Tod noch Leben... noch etwas Geschöpfliches sonst können uns scheiden von der Liebe Gottes, die in Christus Jesus ist, unserem Herrn“ (Röm 8,28 f, 38 f). „Unsere Heimat ist im Himmel. Von dorther erwarten wir auch Jesus Christus, unseren Herrn, als Retter. Er wird unseren armseligen Leib verwandeln in die Gestalt seines verherrlichten Leibes, in der Kraft, mit der er sich alles unterwerfen kann“ (Phil 3,20).

Otto Knoch

Exaudi

*Epheser 3,14–21**

I

Noch tragen Altar, Kanzel und Lesepult die österlichen Paramente. Die Osterkerze bleibt – entgegen früherem Brauch, der vorschrieb, sie nach dem Evangelium von Christi Himmelfahrt zu löschen – angezündet, und zum Halleluja nach der Epistel erklingt der Osterruf: Der Herr ist auferstanden... Und doch ist es, als ob sich eine andere Farbe in das österliche Weiß mischte: Über dem sechsten Sonntag nach Ostern, Exaudi, liegt ein Hauch von Abschied, aber auch von Erwartung, von Aufbruch. Die Pentekoste, die Zeit der fünfzig Tage – für die alte Christenheit ein einziger, ungeteilter Festtag – klingt aus. Die gottesdienstliche Gemeinde kommt von Himmelfahrt her, geht auf Pfingsten zu. Was die Lesung des Himmelfahrtstages (Apg 1,3–4 [5–7] 8–11) ins Bild setzt, fassen die Texte dieses Sonntags gleichsam ins Wort. Das Evangelium Joh 15,26–16,4 ist den Abschiedsreden Jesu entnommen; auf dem dunklen Hintergrund kommender Verfolgungen kündigt es die Sendung des Geistes an, der die Jünger zu Zeugen für die Wahrheit Jesu Christi nehmen wird. Dazu stimmt der Wochenpsalm (27,1.7–14), der aus einer Situation der Verfolgung, der Verlassenheit heraus auf die Hilfe Gottes hofft: Herr, höre meine Stimme, wenn ich rufe... (V. 7). Die alttestamentliche Lesung Jer 31,31–34 spricht vom neuen Bund, den Gott mit Israel schließen will „nach dieser Zeit"; ein Bund, dessen Gesetz jedem in Herz und Sinn geschrieben ist, so daß keiner sich mehr belehrend über den anderen erheben wird. Werden hier bereits pfingstliche Töne angeschlagen, so stimmt der Wochenspruch aus Joh 12,32 mit dem von Himmelfahrt überein; auch der erste Hallelujavers nimmt das Himmelfahrtsthema auf: Gott ist König über alle

* OLM: (V. 8–12.14–19) Heiligstes Herz Jesu (B)

Völker, Gott sitzt auf seinem heiligen Thron (Ps 47,9). So wird hier die Ordnung, der sonst das Kirchenjahr folgt, in gewisser Weise aufgebrochen; die zehn Tage von Himmelfahrt bis Pfingsten erscheinen liturgisch als ein zusammenhängender Abschnitt, in den auch der Sonntag eingebettet ist. Dem entspricht es, wenn in der katholischen Kirche die Wochentage nach Himmelfahrt als „Pfingstnovene" begangen werden, die auf die Sendung des Heiligen Geistes vorbereitet.

II

Einer Ellipse mit zwei Brennpunkten vergleichbar, wird das Proprium des Sonntags durch die doppelte Thematik von Erhöhung und Geistsendung bestimmt. In diesen Zusammenhang fügt sich die Epistel Eph 3,14–21 ein: Sie beschreibt den geistlichen Prozeß, auf den die Gabe des Geistes zielt und in dem es „um Erstarken im Glauben, Verwurzelung in der Liebe und um wachsende Erkenntnis" (Schnackenburg, 146) geht. Und sie akklamiert zugleich dem erhöhten Christus, der – eins mit dem Vater – „Gottes Glorie ... in seinem Leib, der sein Pleroma, seine Fülle ist, erscheinen läßt" (Schlier, 176).

Ein Gebet – genauer: eine Fürbitte (V. 15–19), die in eine Doxologie (V. 20 f) mündet. Angeredet wird freilich nicht unmittelbar ein göttliches Du, sondern die Leser- und Hörergemeinde, die zugleich Gegenstand der Fürbitte ist. Ich beuge meine Knie, daß er euch Kraft gebe: Drei Akteure sind an diesem Sprechakt beteiligt – einer, der den Wunsch ausspricht; ein zweiter, an dem er sich erfüllen soll; und ein dritter, der die Macht hat, ihn zu gewähren.

Angezeigt, definiert wird der Sprechakt nicht einfach verbal – „ich bitte, wünsche, flehe" –, sondern durch einen leiblichen Gestus, wie er auch sonst in liturgischem Handeln begegnet: flectamus genua – beugen wir die Knie. Dann wird der beim Namen genannt, an den sich der Wunsch richtet: der Vater, von dem alle Himmels- und Erdenvölker, alle himmlischen und irdischen „Vaterländer" (pasa patria, V. 15) ihren Namen, ihre Legitimation haben.

Wie in manchen Märchen geht es auch hier – zumindest

formal – um drei Wünsche, die jeweils als hina-Sätze (damit er… damit ihr…) eingeführt werden; und wie in manchen Märchen auch ist dabei von Wunsch zu Wunsch „eine Steigerung unverkennbar" (Schnackenburg, 146): Um das „innere Erstarken (V. 16) in Glaube und Liebe (V. 17)" geht es im ersten Wunsch; um Erkenntnis über alle Erkenntnis hinaus im zweiten (V. 18.19a); gar um die Teilhabe an der „Gottesfülle" (V. 19b) im dritten. So theozentrisch hier auch gedacht und gebetet wird – es handelt sich doch um ein hervorragendes Zeugnis theologischer Anthropologie; es wird so von Gott und zu Gott gesprochen, daß darin der Mensch erscheint, samt dem Ziel, das Gott ihm weist; und samt dem Weg, es zu erreichen.

III

Ich gehe davon aus, daß jeder Text, schaut man nur lange genug hin, seine *Bilder* zeigt; daß er seine Geschichte erzählt; daß er an uns und mit uns zu handeln beginnt.

1. Ich sehe zwei Bilder, die sich am Ende zu einem dritten verbinden. Zunächst einen Baum, der dem Himmel entgegenwächst; mit den Ästen tastet er den Raum ab, der ihn umgibt; seine Blätter wenden sich zum Licht; mit den Wurzeln reicht er tief in die Erde. Dann sehe ich ein Haus, einen Bau, der mit seinen Fundamenten fest auf dieser Erde, in ihr, ruht. Noch wächst das Haus, dehnt sich mit geöffneten Wänden in die Höhe, zur Seite. Doch hat es schon wohnliche Räume; Menschen begegne ich dort, Freunden. Schwer zu beschreiben, was dann geschieht: Beide – der Baum, das Haus – wachsen in einen Raum hinein, der keinen Himmel und keine Erde, kein oben und unten mehr kennt; was eben noch Fundament schien, reicht ans Firmament; und die Wurzeln trinken Licht aus der Erde.

Ich halte inne und überlege, was diese Bilder in mir ausgelöst haben mag. Da ist V. 17, wo vom Wohnen die Rede ist, von Fundamenten, die auf Liebe gründen, von einem Baum – so lese ich es –, der in der Liebe wurzelt, aus ihr wächst. Und da ist V. 18, der meine Hände zum Erfassen, zum Begreifen jenes unvorstellbaren vierdimensionalen Raumes einlädt, der jedem „oben" und „unten" spottet, in das ich meine Welt zu ordnen gewohnt bin. Es gelingt mir kaum, dies auf mich, meinen Glauben, meine Kirche zu beziehen; unsäglich klein, unsäglich beengt und beschränkt erscheint vieles, was mir da begegnet. Ich verstehe die Bitte des Apostels um einen größeren Glauben, daß wir mehr von Gott halten, weiter von ihm denken, uns tiefer auf ihn einlassen, offener auf ihn zugehen; um eine größere *Kirche* – sehr viel größer als alles, was sich heute Kirche nennt, und sehr viel offener, umfassender, auch tiefer, breiter, höher zugleich; am Rande fallen mir die Dimensionen des anglikanischen Kirchenwesens – High Church, Low Church, Broad Church – ein.

2. Die Wünsche des Apostels – einer unbescheidener als der andere – schicken uns auf einen Weg. Ich möchte diesen Weg nicht für mich allein gehen, sondern mit anderen zusammen; alleine hätte ich Angst, ihn zu bestehen. Ich stelle mir vor, was geschieht, wenn sich der erste Wunsch erfüllt – in „einer durch alles äußere Geschehen nicht anfechtbaren, weil vom Geist bewirkten inneren Stärke" (Schnackenburg, 150). Ich höre Stimmen am *Weg*, die um uns werben, uns ihren Rat aufdrängen, auch gelegentlich drohen: Nehmt einen kräftigen Knüppel mit auf die Wanderschaft, geräumige Taschen, genügend Brot und Geld und mehr als zwei Hemden (Lk 9,3); langt zu, die Stunde ist günstig! – Ich stelle mir vor, wie wir dann durch diese Stimmen hindurchgehen, weitergehen, ohne Stock und Beutel, und den Staub der glänzenden Stadt von den Füßen schütteln (Lk 9,5): Wie stark muß der „inwendige Mensch", die „inwendige Kirche" werden, um den Stimmen zu widerstehen?

Ich stelle mir vor, was geschieht, wenn sich der zweite Wunsch erfüllt – „im *Erkennen* der alles Erkennen übersteigenden Liebe Christi" (Schnackenburg, 154). Ich höre uns reden auf dem Weg – miteinander, aber auch gegeneinander, aneinander vorbei. Sätze, mit denen wir uns festlegen, den Weg bestimmen: Dort entlang! Nicht da! Sätze, mit denen wir andere ausgrenzen, wegstoßen: Du nicht! Manchmal gar: Du Narr! (Mt 5,22). Sätze, mit denen wir uns unsere Erkenntnisse um die Ohren schlagen, sie widereinander als Waffen gebrauchen. Ich stelle mir vor, wie dann einer von uns *Brot und Wein* nimmt, dankt und mit uns teilt; wie dann der Streit verstummt, die großen Worte leer werden und in sich zusammenfallen; wie unsere Augen sich öffnen und wir ihn erkennen (Lk 24,30f). Unlösbar scheint vieles, wenn wir es nur in den uns vertrauten Dimensionen betrachten; es löst sich, wenn einer von außen in diesen begrenzten Raum eintritt, ihn öffnet und uns mit in die Weite nimmt, in der andere Regeln gelten als in unserer kleinen, beschränkten Welt.

Was geschieht, wenn gar der dritte Wunsch gewährt wird – „daß die Christen zur ganzen Fülle Gottes gelangen" (ebd., 155) –, vermag ich mir nicht mehr vorzustellen. Und doch ist es ein Wunsch, der schon auf dem Weg erfüllt werden soll, nicht erst, wenn wir das *Ziel* erreicht haben. Ich vermute, daß es etwas sehr Einfaches sein wird, was wir dann erfahren: daß Gott uns näher war, als wir dachten; daß seine Liebe wunderliche Züge trägt; daß seine Wege ins Leben führen. Und: daß er immer wieder unter Schmerzen über uns lacht, wenn er uns in unserer kleinen Welt sieht, in unserer beschränkten Kirche. Wer weiß.

Karl-Heinrich Bieritz

Pfingstsonntag

*Apostelgeschichte 2,1–18**

I

Im allgemeinen Bewußtsein des Kirchenvolkes ist das Pfingstfest wesentlich von der lukanischen Pfingsterzählung in Apg 2 geprägt. Darin liegt die Gefahr, das pfingstliche Geschehen allzu historisierend zu begreifen. Der alttestamentliche Lesungstext, genommen aus 4. Mose 11 (V. 11–17.24 f), kann ebenso wie das Evangelium (Joh 14,23–27) den Blick auf das Wirken des Gottesgeistes weiten. Darum sollte auf diese Texte nicht verzichtet werden, falls die liturgische Ordnung die Verlesung dieser drei Texte nicht sowieso dringend nahelegt. Dabei empfiehlt sich, in

* OLM: (V. 1–11) Pfingsten (A-B-C)

4. Mose 11 bereits mit V. 10 zu beginnen und mit V. 29 zu schließen, ebenso Joh 14 schon mit V. 22 einzuleiten; dadurch würde die konkrete Einbettung dieser Texte in eine bestimmte geschichtliche bzw. geschichtlich fiktive Situation deutlicher und das Wirken des Gottesgeistes im konkreten Leben der Menschen verankert.

Ein einführendes Wort vor dem Introitus, das dem Gottesdienstbesucher eine Perspektive vom Wirken des Geistes eröffnet und von einer allzu „punktuellen" Vorstellung wegführt, legt sich nahe.

Der der älteren kirchlichen Tradition entnommene Hallelujavers fördert eine angemessene Sicht vom Wirken des Geistes. Als Predigtlied korrespondiert Mathias Greiters „Jauchz', Erd und Himmel" (EKG 100,1.2.6) Apg 2,18–18.

II

Die „Apostelgeschichte" bietet weniger eine Geschichte des Lebens und Wirkens der Apostel oder einiger unter ihnen. Vielmehr will der allgemein „Lukas" genannte Verfasser den siegreichen Weg des Evangeliums von Jerusalem bis in die Hauptstadt der mediterranen Welt, Rom, aufzeigen. Dies tut er anhand gesammelter Geschichten, Episoden, Überlieferungen aus der Apostelzeit, nicht ohne dieser „Geschichte" seinen eigenen theologischen Stempel aufzuprägen. Den entscheidenden Auftakt für die Verbreitung des Evangeliums sieht er im Pfingstereignis.

Was da eigentlich an diesem jüdischen Wochenfest, wohl des Jahres 30, einem Erntedank – der nach 70 n. Chr. zu einem Gedenkfest an den Sinaibund umgestaltet wurde – genau passiert ist, läßt sich mit letzter Sicherheit nicht mehr ausmachen. Vermutlich handelte es sich um ein glossolales Geschehen (vgl. V. 4.12f), in dem Gottes Handeln an Israel, in Jesus wohl vor allem, zur Sprache kam (V. 11). Zugleich wird dieses „Sprachenwunder" auch als Hör- und Verstehenswunder geschildert (V. 6.8.11). Das Geschehen wird vor Juden aus aller Welt (V. 5) offenkundig, was mit Hilfe einer wohl schon vorliegenden Völker- und Länderliste aufgezeigt wird.

Einem falschen Verständnis des Geschehens wird auf zweifache Weise vorgebeugt. Lukas hat den ihm überlieferten Vorgang mit Motiven biblischer Gotteserscheinungen ausgestaltet (Sturm, Brausen, Feuer V. 2), der das Geschehen als Einbruch des Gottesgeistes ausweist. Insbesondere hat er die eigentliche Glossolalie im Lichte der Weissagung des Propheten Joel gedeutet: Gott gießt jetzt seinen Geist aus „über alle Menschen“ (V. 17), nicht nur über Israel. Die Zeit der Kirche hat begonnen, in der die vom Geist erfüllten Anhänger des Messias Jesus (vgl. 2,36) zusammenfinden.

Während Lukas das Wirken des Geistes in der Kirche immer wieder in auffälligen Geschehnissen erkennt und in der Lesung aus 4. Mose 11 Vergleichbares erzählt wird, zeigt sich im Johannesevangelium der Geist als Beistand und Einweiser in die Offenbarung des Gottgesandten Jesus (das Festevangelium).

III

Aus der Exegese unserer biblischen Schriften habe ich gelernt, daß man viele ältere Überlieferungen Jahrzehnte und Jahrhunderte später in einer veränderten Situation neu gelesen und verstanden hat, daß sich gerade in diese „relecture“ das Gotteswort neu erschlossen hat. Diese „Methode“ mache ich mir zu eigen, wenn mir die Pfingsterzählung erneut begegnet.

„Als der Pfingsttag gekommen war“ verstehe ich als Aufforderung, daran zu glauben, daß *Pfingsten* nicht nur eine einmalige Episode war, sondern daß auch heute mit Initiativen und Impulsen des Geistes zu rechnen ist. Als Katholik kommt mir das Wort Johannes' XXIII. zum Zweiten Vatikanum vom „neuen Pfingsten“ in den Sinn. „Alle befanden sich an einem Ort“: Darin sehe ich die ganze *Kirche* von heute angesprochen, die ihren Grundstock in dem kleinen, in Jerusalem versammelten Kreis der Zwölf und einiger Frauen und Verwandten Jesu hat (vgl. Apg 1,14).

Wenn der Herabkunft des Geistes ein Sturmbrausen vorangeht, so erinnert mich das an die Stürme dieses Jahrhunderts, die die Kirchen in ein Spannungsfeld von Bewahrung und Veränderung, von Tradition und Fortschritt, von Restauration und Erneuerung, von Erinnerung und Phantasie hineingetrieben haben: in einem ersten Sturm der fast tödlichen Bedrohung durch faschistische und kommunistische Ideologien und Politsysteme, die die Bewährungskraft unseres Glaubens herausforderten; in einem zweiten Sturm einer rasant anschwellenden Säkularisierung, die die Qualität und „Leistungsfähigkeit" des christlichen Glaubens auf die Probe stellt; und zugleich in einem dritten Sturm aus den eigenen Reihen durch die ungewohnten Fragen und Infragestellungen, Ideen und Anregungen, Erkenntnisse und Einsichten der Theologen, die immer lauter und intensiver zu Gehör kommen.

Die Schilderung der Geistausgießung unter dem Zeichen der „verteilten Feuerzungen" erinnert an jene Erzählung aus dem 4. Buch Mose, da die Ältesten am Geist des Mose teilhaben und dieser den Wunsch ausspricht, daß doch der Geist Gottes sich auf alle legen möge (11,29). „Pfingsten" garantiert, daß der *Geist Gottes* in der Kirche auf alle „verteilt" und keineswegs nur auf bestimmte Amtsträger und besonders erwählte Personen beschränkt ist. Alle also haben Bedeutung in der Kirche, auf alle ist zu hören, auf das, was der Geist durch sie sagen will. Gerade als Katholik will ich mir das zu Herzen nehmen, haben doch gerade wir dies allzu lange vergessen. Es ist schon merkwürdig, daß gerade *Petrus*, den wir gerne und nicht ohne Grund als den besonderen Garanten unserer Tradition betrachten, dies in der Pfingstpredigt ausspricht: „Über die Söhne und Töchter", „die Knechte und Mägde" des Gottesvolkes gießt Gott seinen Geist aus, ja „über alle Menschen" (V. 17), wie einst durch den Propheten Joel schon für die Endzeit angekündigt (Joel 3,1ff). Mit der Einsicht, daß alle am Geist teilhaben, verbinde ich, daß dies jedem, ob Amtsträger oder nicht, auf seine Weise zukommt.

Nicht die eigene, vertraute und herkömmliche (von woher sie kommen) *Sprache* ist es, in der nun die Geisterfüllten sprechen; es ist eine ihnen selber fremde Sprache, aber die Menschen verschiedenster Mentalitäten verstehen sie. Wenn Kirche heute das Evangelium weitergeben will, muß sie dann nicht von ihrer gewohnten, traditionellen, gewiß traditionsreichen, aber auch traditionsbeladenen Sprache Abstand nehmen? Muß sie nicht Worte finden, die die „Parther und Meder", „die Kreter und Araber", die „Bewohner von Mesopotamien und Kleinasien, Ägyptens und Libyens" von heute mit ihrer Kultur und Mentalität, mit ihrer Welterfahrung und ihren Fragehorizonten verstehen können? Verständlich, wenn die Kirchen eher davor Angst haben, und viele Christen in ihnen, wenn sie fürchten, ihre Botschaft könne sich unter der Hand verändern oder aber sie selbst, die sie ja nur „Galiläer" (V. 7) sind, seien dazu unfähig! Doch dürfen sie sich nicht darauf verlassen, daß „der Geist es ihnen eingibt" (vgl. V. 4)? Natürlich wird dabei die Unterscheidung der Geister anstehen; ohne die bittere Erfahrung des Ungewohnten, der Verwirrung, der Ratlosigkeit, ohne das Unverständnis, ja die Häme einiger – Insider und Outsider – wird es nicht gehen. Doch müßte es in der Gemeinschaft der *Kirche* – ich sehe sie repräsentiert in den kirchlichen Autoritäten „Petrus mit den 11 Aposteln" – gelingen, die Impulse des Gottesgeistes zu erkennen und aufzunehmen. Da wird man sich den „Söhnen und Töchtern" nicht einfach verschließen dürfen, die *„weissagen"* (V. 17), d.h. unsere Gegenwart, die Situation und Fragen der Menschen, in „Weisheit" zu deuten verstehen. In einer Kirche, die sich als „communio" versteht und nicht bloß als ein Sammelbecken von Individuen, werden die „Gesichte", die Ideen „der jungen Männer" ebenso ihr Gewicht haben wie „die Träume", die Hoffnungen „der Alten". Dies wird nicht möglich sein, ohne daß diese in stetem Gespräch miteinander bleiben. Das setzt den Glauben an „Pfingsten" voraus, an das Wirken des Geistes, der „für die letzten Tage" zugesagt ist, für jene Tage also, für die Gottes Verheißung nach Lukas letzte Gültigkeit hat (V. 17).

Heinz Geist

Pfingstmontag

*1. Korinther 12,4–11**

I

Mit der Epistel aus dem 12. Kapitel des 1. Korinterbriefes wurde für den zweiten Pfingstfeiertag die alte Epistel Apg 10,42–48 ersetzt. Damit wird die Konturierung der beiden Pfingstfeiertage verdeutlicht. Während dem ersten Pfingsttag der Einbruch des Heiligen Geistes zugeordnet ist (Apg 2), also der erste Satz des dritten Glaubensartikels: „Ich glaube an den Heiligen Geist“, fällt am zweiten Pfingsttag das Gewicht auf die Gabe der Kirche, also auf den zweiten Satz im dritten Artikel: „Ich glaube an eine heilige christliche Kirche“. Dahinter steht das Evangelium des Pfingstmontags Mt 16,13–19, in dem Jesus seine Gemeinde (Kirche) auf den Felsen gründet. Nur dürfen beide Aussagen nicht voneinander getrennt werden. Die jetzt gegebene Epistel führt uns in den Gottesdienst der Gemeinde, auch in seine Sprachgestalt, und damit beantwortet sie auf ihre Weise die Sprachzerstreuung nach dem Turmbau zu Babel (Lesung 1. Mose 11,1–9). Zur Erfüllung allen Gottesdienstes sollten uns die Bittlieder um den hl. Geist helfen. Fast alle Pfingstlieder sind Bittlieder. Warum aber sollten wir nicht kräftiger dafür danken, daß uns der hl. Geist gegeben ist und wir von dieser Gabe leben?

II

Die Auslegung unserer Perikope, die in eindeutiger Ausrichtung auf den Gemeindegottesdienst mit V. 4 einsetzt, wird dennoch nicht auf die V. 1–3 verzichten können. Wir sollten sie im Sinn haben. Denn die ekstatischen Vorgänge, von denen nachher die Rede ist, kamen auch im Heidentum, also in der Vorgeschichte

* OLM: (V. 3b–7.12–13) Pfingsten (A)

der Gemeindeglieder vor, nur dort von einem ganz anderen Geist herbeigeführt. Jetzt geht es um den Geist Gottes. Der ist erkennbar an dem Bekenntnis zu Jesus als dem göttlichen Herrn. Dieses Bekenntnis kann nur der Geist Gottes wecken. Unsere Epistel lenkt aber den Blick nicht auf den Geist Gottes selbst, sondern auf seine Gaben, seine Auswirkungen, die Charismata. Nicht wie sonst im NT (Röm 5,15 f; 6,23) ist die eine große Gnadengabe, das Heil in Christus, im Blick. Hier entfaltet sich diese Gabe in ihren vielen Auswirkungen. So ist mit dem Plural schon die Verschiedenheit der Gnadengaben gemeint, die der Luthertext hervorhebt; der griechische Text spricht nur von den „Zuteilungen“ (Conzelmann). Alles, was Gott schenkt und schafft, die Dienstleistungen, in denen der Christusdienst besteht, die Auswirkungen des großen göttlichen Schöpfungswerkes, das alles ist eine große Vielfalt, aber gewirkt ist es von einem Geist, einem Christus, einem Gott.

Laßt euch also, ihr Korinther, nicht von der Verschiedenheit und Verschiedenartigkeit der Gaben des Geistes verwirren, sondern nehmt sie als Gottes Gaben hin! Wo immer der Geist am Werke ist, da muß er zum Aufbau der Gemeinde wirken. Ob einer dazu bestimmt ist, belehrend zu reden und damit Erkenntnisse zu vermitteln oder ob er die Wirkungen des Glaubens, der Berge versetzt, deutlich machen kann, ob einer Kranken Heilungskräfte zuführt oder ob er sonst in das Reich der Dämonen, also der Ängste und Wirrnisse des Lebens, einbrechen kann – immer ist es der Geist Gottes, der da am Werke ist. So ist es natürlich auch bei den zentralen Geschehnissen des Gottesdienstes: Prophetie, „das wichtigste Charisma“ (Friedrich), meint nicht das Sehen in die Zukunft, sondern die Verkündigung des Wortes, sagen können wie die Propheten im Alten Testament: „So spricht der Herr“. Nun gibt es aber auch die alle rationalen Erkenntnisse sprengenden Gaben, besonders das Zungenreden, von dem Paulus nicht sehr viel hält, weil es der Gemeinde nichts nützt, wenn es nicht ausgelegt wird. Auch das Auslegen ist eine Gabe, ebenso die Fähigkeit, Geister zu unterscheiden, zu beurteilen, wo der Geist Gottes spricht oder wo menschlicher Geist. Es kann zwar sein, daß das unverständlich „Geistliche“ sich höherer Wertschätzung erfreut als die nüchterne Rationalität. Es geht aber nicht um mehr oder weniger vom Geist Gottes, sondern: jeder hat auf seine Weise an der einen Gabe Gottes Anteil. Alles geschieht zum Aufbau der Gemeinde. Da soll es keine Rivalität der Geistesgaben geben, am wenigsten den frommen Egoismus, der sich auf „seine" Gabe etwas zugute hält.

III

Geistliche Wirkungen in Kirche und Gemeinde – wie werden sie sichtbar, fühlbar, erlebbar? Es darf nicht einfach selbstverständlich sein, daß der hl. Geist in der Kirche in der Weise wirkt, daß wir die Kirche und ihren Gottesdienst gestalten und hinterher den hl. Geist um sein Dabeisein bitten. Es soll keine Kirche geben, die nicht vom hl. Geist geleitet wird. Davon hat alle Besinnung auf den zweiten Pfingsttag auszugehen. Der *hl. Geist* ist nicht nur eine Gabe für den einzelnen Christen, er zielt auf die ganze Kirche, praktisch auf die jeweilige Gemeinde.

In einem vor 1920 entstandenen Gedicht hat der junge Franz Werfel die alte Bitte: „Veni creator spiritus" aufgenommen: „Komm, heiliger Geist, du schöpferisch, / den Marmor unserer Form zerbrich, / daß nicht mehr Mauer krank und hart / den Brunnen dieser Welt umstarrt, / daß wir gemeinsam und nach oben / wie Flammen ineinander toben!" Damit sind wir angesprochen auf unseren festgefahrenen *Individualismus*, der durchbrochen werden muß, auf die Fremdheit, in der wir uns voneinander abkapseln, daß sie aufgehoben wird. „Zerbrich das Eis in unseren Zügen!" heißt die Bitte – „daß nicht mehr fern und unerreicht / ein Wesen um das andere schleicht, / daß jauchzend wir in Blick, Hand, Mund und Haaren / und in uns selbst dein Attribut erfahren!"

Diese Aufsprengung der Person hin zum anderen ist die Voraussetzung dessen, was der Text in uns anrichten will, die Voraussetzung zur Gemeinde hin. Wir können sie nicht selbst schaffen, sie ist das Werk des schöpferischen Geistes Gottes, wenn wir Jesus Christus als den Herrn unseres Lebens bekennen. Der „Marmor unserer Form", der zerbrochen werden muß – ist das nicht alles formalistisch Festgelegte bei uns? Auch die festgelegten Formen in Kirche und Gemeinde, unser institutionelles Christentum, das wir wie selbstverständlich mit uns herumschleppen? Wir brauchen in Kirche und Gemeinde das Geöffnetsein für die Eingebung des hl. Geistes, für alles, was die Gemeinde des lebendigen Herrn baut, damit keiner, der als Glied der Gemeinde im Bekenntnis zu Christus steht, an sich selbst gebunden bleibt und nur auf sein eigenes Ansehen und seine eigene Frömmigkeit bedacht ist.

Daß „jauchzend wir in Blick, Hand, Mund und Haaren und in uns selbst sein Attribut" – das Attribut der Heiligkeit, also der Gottzugehörigkeit – „erfahren", das fördert das charismatische Wesen und Sein von Kirche und Gemeinde. Wir hören nicht nur aus der Pfingstbewegung und aus lutherischen Gemeinden Nordamerikas, gelegentlich auch bei uns in charismatischen Gottesdiensten von neuem Zungenreden. Ob diese Gabe, in enthusiastischer Sprache Gott zu loben oder vor ihm zu klagen, seinen Beistand zu erbitten, das eigentliche Geisterfülltsein anzeigt? Ob wohl jeder, dem diese Gabe nicht zuteil geworden ist, der das alles in vernünftigen verständlichen Worten sagt, sich zurückgesetzt sehen muß als ein Christ zweiter Klasse? Die charismatische Frömmigkeit hat ihre Gefahren, wenn sie in den Hochmut des eigenen Geisterfülltseins zurückfällt. Manchmal beneiden wir ja auch die frühe Christenheit um ihrer enthusiastischen Gaben willen, die wir im allgemeinen nicht mehr haben. Vor diesem Neid sollen wir gewarnt sein. Genau so wie das dogmatisch Festgelegte in unserem Großkirchentum dem Wirken des Geistes im Wege stehen kann, so kann es auch die Dogmatisierung der Frühgestalt des Christentums.

Der hl. Geist will gerade da wirken, wo wir mit unseren Sinnen und Gedanken, mit unserer Vernunft auf die Gemeinde eingestellt sind, in der Verkündigung etwa, der Belehrung und Leitung der Gemeinde, in der Diakonie für die Kranken und Bedürftigen, in der Unterscheidung der Geister. Füre diese Verrichtungen gilt, daß wir unsere *Vernunft* dem Geist Gottes zur Verfügung stellen – kommt doch das Wort ‚Vernunft' von ‚vernehmen', also auf seine Stimme hören! „Klaus, Klaus, du bist faul gewesen!" soll der schleswig-holsteinische Erweckungsprediger Klaus Harms (1778–1855) auf der Kanzel stehend vernommen haben, als er unvorbereitet sich auf die unmittelbare Eingebung des hl. Geistes für die Predigt verlassen wollte. Vor jeder Leichtfertigkeit will uns auch der hl. Geist bewahren, vor allem aber vor dem Stolz auf das, was uns gegeben ist. Jedem ist gegeben, dem einen so, dem andern anders.

Unser Text macht keinen Unterschied zwischen den Geistlichen, den ordinierten Ausrichtern des Wortes, und den sog. Laien. Hier in der Meditation merken wir: Beteiligt sind wir alle mit oder ohne Ordination. Jede diakonische Dienstleistung der Hilfe am andern, jede Ermahnung für andere, jede Prüfung der Verkündigung am Worte Gottes (hat nicht Luther den Gemeinden das Amt zugewiesen, die Lehre zu prüfen?), vor allem jede Fürbitte für den Dienst und das Leben in der Gemeinde, sind Werk des hl. Geistes, wenn sie im Bekenntnis zu Jesus Christus geschehen.

Auf jeden Fall sollten wir am Pfingstfesttag in uns weniger den Klagen Raum geben, die wir so gern anstimmen über das Defizit an Heiligem Geist in unserer Volkskirche, als vielmehr der Dankbarkeit dafür, daß wir in unserer Gemeinde und Kirche von den Gaben des hl. Geistes leben, die jedem von uns unterschiedlich nach ihrer Art, aber nicht nach ihrem Wert zuteil werden. In dieser Dankbarkeit mögen wir die Bitte: „Komm, Heiliger Geist!“ neu beten - und singen.

Literatur:
Gerhard Friedrich: Artikel „Prophetes“ (ThWNT VI, 829–862).
Kurt Pinthus: Menschheitsdämmerung. Rowohlt Berlin, darin Franz Werfel: Veni creator spiritus.

Heinz Günther Klatt

Tag der heiligen Dreifaltigkeit/Trinitatis

*Römer 11,(32)33–36**

I

Die Wurzeln des Dreifaltigkeitssonntags sind verzweigt und sogar ein wenig verworren. Die alte Kirche und mit ihr die klassische römische Liturgie kannte viele Gebets- und Bekenntnisformeln, die die drei göttlichen Personen nennen (z.B. „Ehre sei dem Vater durch den Sohn im Heiligen Geist"), aber erst in der römisch-fränkischen Mischliturgie der Karolingerzeit beginnt sich eine trinitarische Gebetsterminologie auszubreiten, und gegen Ende des 1. Jahrtausends treffen wir auf Gebete, die sich an die Trinitas wenden, auf eine Votivmesse zu Ehren der Dreifaltigkeit, die man wahlweise am Sonntag verwenden kann, und schließlich auf (zunächst lokalkirchliche) Formen des Dreifaltigkeitsfestes, das seit 1334 allgemein vorgeschrieben und auf den Sonntag nach Pfingsten festgesetzt wird. „Damit ist erstmalig in der Liturgiegeschichte ein völlig neuer Typus des christlichen Festes entstanden: Das Ideenfest" (auf der Maur 199). Hier geht es nicht mehr um die Anamnese der Heilsgeschichte in der Erinnerung eines ihrer Ereignisse, sondern, abgelöst vom Ereignis, um das Innewerden und Bekennen einer Glaubenswahrheit.

Was mag die Benediktinerklöster um Cluny dazu veranlaßt haben, Röm 11,33–36 als Lesung für das Dreifaltigkeitsfest zu wählen?

Man darf annehmen, daß es nicht nur der trinitarisch klingende Schlußvers war, sondern auch – als „Korrektiv" zum explizit trinitarischen Evangelium Joh 3,1–15 – das Bekenntnis zur uneinholbaren Größe Gottes.

Bereits die mittelalterliche Theologie und Frömmigkeit besitzt ja ein Bewußtsein für die Grenzen unseres Sprechens von Gott, das Respekt erheischt. „Ich weiß, was Gott für mich ist; was er

* OLM: (V. 33–36) 21. Sonntag im Jahreskreis (A)

an und für sich ist, weiß er“ (Bernhard von Clairvaux, Über die Betrachtung V. 11,24). „Von Schöpfer und Geschöpf kann keine Ähnlichkeit ausgesagt werden, ohne daß sie eine größere Unähnlichkeit zwischen beiden einschlösse“ (IV. 4Laterankonzil 1215; Denzinger-Schönmetzer 806). Das größte, geschichtlich einflußreichste theologische Werk des Mittelalters, die „Summa“ des Thomas von Aquin ist ein Fragment geblieben, weil Thomas am 6. Dez. 1273, drei Monate vor seinem Tod, aus der Meßfeier zurückkehrt, die Schreibsachen wegräumt und seinem Sekretär erklärt: „Ich kann nicht mehr. Alles, was ich geschrieben habe, kommt mir vor wie Stroh im Vergleich zu dem, was ich gesehen habe“ (Walz 118). Wer hätte den Sinn des Herrn erkannt, oder wer wäre sein Ratgeber gewesen?

Die angemessenste menschliche Weise, von dem in Christus geoffenbarten und in der Kirche angerufenen Gott zu reden, ist immer noch der Lobpreis. Er kommt im Wochenspruch „Heilig, heilig, heilig...“ aus Jes 6,3 ebenso zum Ausdruck wie im Sonntagspsalm 145 „Ich will dich erheben, mein Gott...“. Von den beiden angebotenen Gradualliedern EKG 97 „Komm, Gott Schöpfer, Heiliger Geist...“ und EKG 111 „Gelobet sei der Herr, mein Gott, mein Licht, mein Leben...“ scheint das zweite dem Fest entsprechender zu sein, zumal es in V. 5 den Wochenspruch aufnimmt.

II

Wie ein Blick auf den Urtext und in die Kommentare zeigt, kann man verschiedene Schichten abheben. Die drei einleitenden Ausrufe (V. 33) zeigen Spuren gnostisch-apokalyptischer Terminologie, die drei Fragen des Mittelstücks (V. 34.35) sind Zitate aus der imposanten Fragenkette im Eröffnungskapitel des exilischen Trostpropheten (Jes 40,1–28; vgl. ähnlich Hiob 41,3), und die doxologische Schlußwendung (V. 36) hat stoisch-hellenistische Vorbilder: Marc Aurel sagt (Selbstgespräche 4,23) zur „Welt“ bzw. „Natur“: „Aus dir ist alles, in dir ist alles, auf dich hin ist alles.“

Zum „Hymnus“ werden diese Elemente erst im Römerbrief zusammengefügt, und da Paulus kein Hymnendichter, sondern

Theologe und Seelsorger ist, muß man fragen, was genau ihn zu diesem hymnischen Ausbruch veranlaßt hat.

Nicht die Betrachtung des Geheimnisses der Dreifaltigkeit. Auch nicht die hymnischer Rede förderliche Atmosphäre einer liturgischen Versammlung, sondern, wie der Kontext zeigt, das glücklich erreichte Ende einer langwierigen, mühsamen, vielschichtigen Gedankenkette, die mit Röm 1,18 beginnt und 11,32 endet!

Worum geht es nun Röm 1–11? Nicht um Gott in sich, sondern um „Gott mit uns", um Gottes rätselhafte Wege in der Geschichte der Menschheit seit Adam und Abraham und Jesus. Konkreter: In Kap. 9–1 geht es für Paulus, den Mann der Kirche, um die „Bewältigung der jüngsten Vergangenheit", um den Versuch, sich im Glauben einen Reim zu machen auf das jüngste Faktum dieser Gottesgeschichte, auf die unbegreifliche Spaltung des einen Volkes Gottes in Juden und Christen. Es geht um Gottes „unerforschliche Verfügung" (krima), sich von denen finden zu lassen, die ihn nicht suchten (Röm 10,20). Es geht um die merkwürdigen, „nicht ausgehbaren Wege" des Erbarmens, mit denen Gott den Weg des Gesetzes, auf dem Israel ihn suchte, gekreuzt, abgekürzt und zum Holzweg gemacht hat, auf dem Israel nun strauchelt – aber nicht, um zu fallen (Röm 11,11), sondern damit auch auf diesem Weg noch einmal Gottes souveräne Treue offenbar werde, „denn Gottes Gnadengeschenke und seine Berufungen sind ohne Reue" (Röm 11,29).

Mögen die Begriffe „Reichtum" und „Tiefe", „Weisheit" und „Erkenntnis" gnostisch-apokalyptischer Theologie entstammen – Paulus bezieht sie hier auf die Geschichte, der er selbst angehört. Er meint Gottes „Reichtum an Geduld und Langmut und Güte" (Röm 2,4), den „Reichtum seiner Herrlichkeit", den er jetzt offen heraustreten läßt nach einem vor aller Zeit gefaßten Plan (Röm 9,23), so daß es keinen Unterschied mehr gibt zwischen sog. Orthodoxen und sog. Heiden, „denn einer und derselbe ist der Herr über alle, und er ist reich für alle, die ihn anrufen" (Röm 10,12). Die „Weisheit und Erkenntnis Gottes", deren abgründige Tiefe wir nicht durchschauen, sondern nur bewundern können, ist für ihn keine abstrakte metaphysische Eigenschaft Gottes, sondern die in dieser

Weltgeschichte investierte Weisheit Gottes, die wie Dummheit aussieht (1. Kor 1–3).

Mit der dynamischen Formel der Schlußdoxologie stellt er sich also – in Abwandlung der stoischen Vorlage – bewußt in diesen von Gott allein zu übersehenden Gang der Geschichte hinein: auf den Gott und Vater zu, von dem her alles kommt, und er greift damit schon auf die Stunde aus, wo „Gott alles in allem ist" (1. Kor 15,28).

III

Hier aber ergibt sich in dem Maß, als uns unsere Situation als Christen in der heutigen Welt zu Bewußtsein kommt, eine Parallele zu Paulus in Röm 9–1: Auch wir müssen versuchen, uns im Glauben einen Vers zu machen auf die rätselhaften „Wege" Gottes – haushoch, himmelhoch (Jes 55,8 f) über den Wegen seines Volkes gestern und heute.

Wir feiern dieses Fest, das die letzte Quelle unserer Existenz als Glaubende preisen will, konfessionell abgeschottet. „Ein Herr, ein Glaube, eine Taufe (im Namen des Vaters und des Sohnes und des Heiligen Geistes), ein Gott und Vater, der über allen und durch alle und in allen ist" (Eph 4,5) – aber zwei Dreifaltigkeitsfeste nebeneinander her – wer kann das begreifen?

Angesichts der kirchengeschichtlichen Hypothek, die auf uns lastet, müßten wir uns diese großen, hymnisch klingenden Worte verbieten, wüßten wir nicht, daß Paulus sie gar nicht hinter dicken Kirchenmauern, in Festtagtsatmosphäre, narkotisiert von Orgelklang und Weihrauchschwaden formuliert hat, sondern angesichts genau derselben Weltgeschichte und darin angesichts genau derselben Katastrophengeschichte des sog. Volkes Gottes, in der wir stehen.

Darum ist es nicht von ungefähr, daß die Fragen, die Paulus in der Mitte unserer Lesung in die Feder fließen, aus der Exilszeit, diesem ersten großen Schockerlebnis des Volkes Gotte stammen: Wer hätte den Sinn des Herrn erkannt, und wer hat ihn beraten? (V. 34 f).

Aber schon dort, bei Deuterojesaja (Jes 40,12–27), haben diese Fragen auch einen Klang der Zuversicht und der Bewunderung. Denn sie kommen aus der großen Entdeckung: Gott ist größer als sein Volk.

Paulus hält es für möglich, daß Gott die Verstockung des jüdischen Volkes und damit die Abspaltung der Christenkirche zuließ, um zu dokumentieren, daß er nicht der Gott einer frommen Elite, sondern der Gott aller ist, um sein Volk auf diese Weise von neuem zum alten Glauben zu „reizen" (Röm 11,11). Warum sollte hinter dem Unsinn der Spaltung in der Christenheit nicht von Gott her ein ebensolcher geheimer Sinn stecken? Daß uns diese Entwicklung unverständlich, daß uns diese „Wege" Gottes schleierhaft sind – vielleicht ist das gerade ein Symptom dafür, daß wir es in all dem mit dem lebendigen Gott zu tun haben, der „sich erbarmt, wessen er sich erbarmen will" (Röm 9,15). „O Tiefe des Reichtums, der Weisheit und der Erkenntnis Gottes", sagt Paulus. Vielleicht können wir ihm das nicht nachsprechen – noch nicht. Es ist früh genug, wenn wir an dem Tag, an dem uns die Hülle von den Augen genommen wird, in seine Doxologie einstimmen.

Kommt, wenn man so am Text bleibt, „das Trinitarische" zu kurz? (Die Reformer der nachkonziliaren Liturgie müssen so empfunden haben, denn sie haben die Lesung – leider – aus dem Fest herausgenommen und auf den 21. Sonntag im Jahreskreis A verlegt.) Bedenkt man, daß nach 1. Kor 2,10 allein der Geist Gottes die „Tiefen Gottes" (Röm 11,33) erforscht, so ist offenbar überhaupt nur im Heiligen Geist, d. h. im Blick auf das Kreuz Christi möglich, in der Geschichte einen Sinn zu entdecken. Wenn uns dabei etwas aufgeht, dann eben deshalb, weil wir „den Sinn Christi haben" (1. Kor 2,16 b), m. a. W. weil der trinitarische Gott in uns wirkt. Indem wir diesem Wirken in der Geschichte und in uns nachgeben, nachdenken und die Ehre geben, feiern wir die Dreifaltigkeit.

Literatur:

H. auf der Maur, Feiern im Rhythmus der Zeit I. Herrenfeste in Woche und Jahr (Gottesdienst der Kirche. Handbuch der Liturgiewissenschaft 5/1), Regensburg 1983, 195–199.

O. Michel, der Brief an die Römer, Göttingen [14]1978.

E. Norden, Agnostos Theos, Berlin 1913, 240–250.

A. Walz, Thomas von Aquin, Basel 1953, 118.

Rolf Zerfaß

1. Sonntag nach Trinitatis

*1. Johannes 4, 16b–21**

I

Auf den Höhepunkt des Kirchenjahres mit der fünfzigtägigen Feier von Tod und Auferstehung Jesu folgt nun wieder der „kirchliche Alltag" in Gottesdienst und Verkündigung. Die Zusammenstellung der Texte des 1. Sonntags nach Trinitatis läßt Schwerpunkte erkennen, die immer für die Verkündigung gelten. Sie gelten auch gerade dann, wenn die Spannung nach den Feiertagen nachläßt.

Der Wochenspruch macht Prediger und Gemeinde darauf aufmerksam, was in der Verkündigung geschieht: Jesus spricht zu seiner Gemeinde und durch ihn der Vater (Lk 10,16). Immer wieder müssen wir uns bewußt werden, daß unser Verhalten zur Verkündigung heilsentscheidend ist, auch wenn sie uns „in zerbrechlichen Gefäßen" (2. Kor 4,7) angeboten wird. Die Verkündigung führt zum „Leben", wie der Hallelujavers voll Freude bekennt. Die Kernaussage dieser Verkündigung kommt am klarsten in der Epistel zum Ausdruck: Gott ist die Liebe. Das ist aber keine abstrakte Wahrheit, sondern meint eine personelle Beziehung, die zwischen den Christen und Gott, aber auch zwischen dem Christen und seinen Brüdern und Schwestern bestehen soll. Der entscheidende Akzent liegt auf der offenbarten Liebe Gottes zu uns.

Die alttestamentliche Lesung (5. Mose 6,4–9) bringt die gleiche Aussage in anderer Sprache. „Der Herr ist unser Gott, der Herr allein." Gott hat aus freier Gnade sein Volk erwählt. Darauf kann die Antwort nur die Hinwendung des Volkes zu Gott sein – eine totale Hinwendung. Wer Gottes liebende Sorge erfährt, kann sie nur mit dem Herzen beantworten. Wo „das Herz voll ist" wird nicht nur „der Mund überfließen", sondern das

* OLM: –

ganze Leben geprägt werden. Im Evangelium (Lk 16,19–31) wird die Notwendigkeit der Nächstenliebe im Gleichnis vom reichen Prasser und armen Lazarus geschildert. Die Forderung gilt für alle, besonders aber für den, der an den Auferstandenen glaubt.

II

„Gott ist die Liebe.“ Diesen Satz müssen wir neben die beiden anderen Aussagen der johanneischen Theologie stellen: „Gott ist Geist“ (Joh 4,24) und „Gott ist Licht“ (1.Joh 1,5). Dreimal wird etwas über Gott ausgesagt, was nur durch die Offenbarung vom Menschen erkannt werden kann. Die beiden Aussagen des 1.Johannesbriefes richten sich gegen Irrlehrer, die an großartiger Gotteserkenntnis interessiert sind, die aber Gottes sittliches Wesen verkennen (nach Rudolf Schnackenburg). Gott wird ja nicht durch tiefschürende Gedanken erkannt, sondern durch sein Handeln in Jesus Christus. „Die Liebe Gottes wurde dadurch unter uns offenbart, daß Gott seinen einzigen Sohn in die Welt gesandt hat, damit wir durch ihn leben“ (4, 9). Gottes Liebe tritt durch Jesus Christus so in den Vordergrund, daß sie das entscheidende Zeichen seines Handelns wird. „Gott liebt nicht mehr neben seinem Zorn, neben seiner Gerechtigkeit... Er ist die Liebe. All sein Handeln ist liebendes Handeln“ (Dodd).

Wenn der Christ Gottes Liebe erfaßt hat – die das ihm Teuerste hinschenkende Haltung Gottes – dann wird er bei aller menschlichen Schwäche darauf mit Liebe antworten. Nach unserem Text hat das zwei Konsequenzen für den Menschen: In bezug auf sich selbst und in bezug auf den Mitmenschen bzw. Mitchristen.

Die Tatsache, daß der Christ noch in der Situation ständiger Bedrohung durch die gottfeindliche Welt lebt, könnte ihn in ständiger Furcht vor dem eigenen Versagen – und damit vor dem Gericht – halten. Doch er soll auf die ihm zuteil gewordene Liebe schauen. Der am Tag des Gerichts kommt, ist Jesus Christus, der seine Liebe in der gleichen Welt gezeigt hat. Seiner Liebe dürfen wir auch im Gericht vertrauen.

Wie wichtig die Liebe zum Nächsten ist, ist schon in 4,12

gesagt worden. „Niemand hat Gott je geschaut; wenn wir einander lieben, bleibt Gott in uns und seine Liebe ist in uns vollendet.“ Nicht irgendeine besondere innere Erkenntnis (Schau), eine dem Einzelnen geschenkte und aus der Masse heraushebende Gottesnähe, ist Zeichen der Liebe, sondern das Verhältnis zum konkreten Mitmenschen. Über innere Erfahrung vermag man sich und andere zu täuschen – im Umgang mit Menschen erweist sich die Wahrheit.

III

Die Aussage unseres Textes zu meditieren, ist sicher nur aufgrund persönlicher *Erfahrungen* möglich, denn es geht hier um personales Geschehen schlechthin. Doch nicht alle Erfahrungen des Geliebtwerdens lassen sich darstellen, weil sie Herzenssache sind. Darum muß sich jeder zunächst einmal selbst erinnern, sich fragen, wo er wirkliche *Liebe* erfahren hat, ehe er sich auf die Anregungen einläßt, die hier dennoch versucht werden sollen.

Eine Beobachtung habe ich oft gemacht, wenn ich zufällig oder manchmal bewußt *Gesichter* verschiedener Menschen beobachtet habe. Es war oft kein schöner Anblick. Gesichter können auf viele Weise entstellt sein: durch Krankheit, Anstrengung und Alter. Wieviel stärker noch haben negative Erfahrungen Spuren hinterlassen, wieviel Mißtrauen kann ein solches Gesicht ausdrücken. Dann naht der erwartete, geliebte Mensch. Leuchtende Augen und ein Lächeln verändern das Gesicht. Es ist alles noch da, was uns dieses Gesicht unsympathisch machte. Durch die liebende Begegnung ist das Gesicht dennoch auf einmal schön geworden. Ich ahne dann etwas von der beglückenden Kraft der Liebe in ihrer so unterschiedlichen Form.

Mir selbst ist aus meiner von häufiger Krankheit überschatteten Kindheit in Erinnerung geblieben, welche Freude es für mich war, wenn das Gesicht meines guten und geduldigen Vaters am Abend in der Tür meines Krankenzimmers sichtbar wurde. Erlebte Liebe und Güte – sie sind Geschenk und Aufgabe. Bei der Betrachtung menschlichen Lebens dürfen sie nie aus dem Auge verloren werden.

In einem Gespräch über schwerwiegende sittliche Verfallserscheinungen und ein geeignetes seelsorgliches Vorgehen sagte ein sehr handfester Seelsorger: „Wenn es einmal zu einem Urteil über mein Leben kommt, möchte ich lieber durch zu große *Güte* als durch zu große Strenge gefehlt haben." Wie ruhig und ohne jede Schärfe verläuft das Gespräch zwischen Abraham und dem reichen Prasser im Evangelium. Nicht vom Himmel her ist die Kluft geschaffen worden.

Wir können nur dankbar sein, wenn wir die Erfahrung der Liebe gemacht haben, und für alle bitten, denen das Leben sie vorenthalten hat.

Die Hl. Schrift verweist uns immer wieder auf das Antlitz Jesu Christi, wenn es um die Frage nach Gott geht. In den Abschiedsreden Jesu steht die Bitte des Philippus an Jesus: „Herr, zeig uns den Vater!" Jesus antwortet: „Wer mich gesehen hat, hat den Vater gesehen" (Joh 14,8,9). Wir dürfen wohl an das *Gesicht Jesu* denken, wie es in tiefem Mitleid den Kranken und der trauernden Witwe zugewandt war. Wir dürfen uns vorstellen, wie Jesus verständnisvoll zu dem doch in einer etwas peinlichen Lage befindlichen Zachäus empor schaute (Lk 15,9). Auch der reiche Mann, der Jesus nachfolgen wollte, wurde von Jesus liebevoll angesehen (Mk 10,17–27). Ob er allein traurig schaute, als er fortging? Jesus hofft noch immer auf Gottes Möglichkeiten für seine Umkehr.

Wenn Jesus im Hohepriesterlichen Gebet bittet, daß alle, die an ihn glauben, seine Herrlichkeit sehen sollen" (Joh 17,24), so ist es eine von der Liebe des Vaters geschenkte Herrlichkeit. Sie zeigt sich auch in der Güte des Auferstandenen gegenüber seinen Jüngern.

Der Apostel Paulus sieht „göttlichen Glanz auf dem Antlitz Christi" (vgl. 2. Kor 4,6). Paulus hat dieses Antlitz gesehen vor Damaskus. Es ist die große Erfahrung seines Lebens, daß er, der Kirchenverfolger, dieses Antlitz sehen durfte (Gal 1,15 f u. 1. Kor 9,1). Es ist diese unerwartete, überwältigende Liebe, die den rücksichtslosen Eiferer zum Künder der Liebe macht (vgl. 1. Kor 13). „Gott ist die Liebe." Nur wenn wir uns von der Liebe durchdringen und leiten lassen, werden wir nicht nur Kinder Gottes heißen, sondern auch sein (vgl. 1. Joh 3,1 ff).

Wolfgang Aßmann

2. Sonntag nach Trinitatis

*Epheser 2,17–22**

I

Innerhalb des Kirchenjahres gehört dieser Sonntag zwischen die beiden großen Festkreise: Weihnachtsfestkreis und Osterfestkreis. In der römisch-katholischen Ordnung wird dieser Zwischenzeit-Charakter jetzt noch deutlicher durch die einfache numerische Aufzählung der „Sonntage im Jahrskreis" (im evangelischen Bereich gilt die Zählung nach Trinitatis und die Namensgebung der Sonntage nach dem Anfangswort des Einleitungsverses). Jedenfalls hat dieser Sonntag heute kein eigenes liturgisches Gesicht.

Von der Perikope Eph 2,17–22 kann er sein Gesicht erhalten als Friedenssonntag. Durch Christus „haben wir den Zugang zum Vater: Wir beide in einem Geist" (2,18). Dieser Zugang kann durchaus liturgisch verstanden werden als Zugang in das Innere des Tempels. Dieses alles ist nur möglich, weil Christus unser Friede ist, der aus Fremden und Nahen eine Gemeinschaft macht: „Wir beide in einem Geist." Deshalb kann der Gottesdienst auf dieses Friedensthema hin gestaltet werden: Fürbitten, Friedensgruß, Friedenssegen sollten eine betonte Rolle spielen. Natürlich auch die Liedauswahl. Wie wäre es mit einer kurz begründeten Auswahl des Adventsliedes „Macht hoch die Tür" (EKG 6; GL 107)? Neben dem vorgeschlagenen Lied EKG 214 („Ich lobe dich von ganzer Seelen") paßt auch gut EKG 185,3 sowie EKG 165 (GL 473). Von den Marginaltexten kann man sich anregen lassen durch Mt 10,12–14, der vom angebotenen und abgelehnten Frieden handelt. Die angegebenen Psalmverse 36,6–11 haben nur indirekt mit unserem Thema zu tun, schließen dies aber natürlich nicht aus.

* OLM: (V. 13–18) 16. Sonntag im Jahreskreis (B); (V. 19–22) Jahresgedächtnis einer Kirchweihe

II

Nach der gängigen Auffassung heutiger Exegeten ist der Epheserbrief nicht zu den paulinischen Briefen zu rechnen. Sein Verfasser wird ein nachpaulinischer Judenchrist sein, der unter den „Heiden“ lebte und ganz und gar in der Gedankenwelt des Apostel Paulus beheimatet war.

Unserer Perikope (12,17–22) voraus steht ein Christuslied (nach Gnilka 2,14–15), das dem Verfasser schon vorlag und dessen ursprüngliche Fassung keineswegs die Trennung zwischen Judenwelt und Heidenwelt vordringlich zum Thema hatte. Vielmehr steht der gesamte Kosmos, die ganze unerlöste Menschheit im Blick. „Feindschaft ist wesentlich Feindschaft, die die Existenz von Mensch und Welt von innen heraus bedroht“ (Gnilka) und die vom Erlöser her zerstört wird. Christus ist der eschatologische Adam, der eine neue Menschheit in sich zusammenfaßt (Schweizer).

Der Verfasser des Epheserbriefes benutzt dieses ihm bekannte Christuslied und baut darin – typisch paulinisch – die Tat Christi am Kreuz ein, die Todeshingabe seines Leibes. Er will so auch die Geschichtlichkeit des Erlösers und der Erlösung vor kosmisch-mythischen Idealvorstellungen bewahren. Das geschieht vor allem in 2,16. Unsere Verse 2,17–22 bezeichnen die Konsequenz, die sich aus dem so umakzentuierten Christusbild für die Heidenchristen ergibt.

Für uns heute bedeutet dies, daß wir von der damaligen geschichtlichen Problematik (Feindschaft zwischen Judentum und Heidentum) fast absehen können und die Konsequenzen des uns vom Verfasser neu überlieferten Christusliedes auf die heutige Welt leichter übertragen können.

Diese Konsequenz bedeutet als erstes: „Friede ist weder ein System noch eine Theorie oder Philosophie; sondern er ist personal geprägt, sogar mit einer Person identisch“ (Gnilka). Christus ist unser Friede. Christus wird in 2,17 zum Friedensboten seiner eigenen Friedenstat in Anlehnung an den prophetischen Text Jes 57,19: „Friede, Friede den Fernen und Nahen.“ Der Zustand des Friedens wird durch eine Häufung von Bildern beschrieben: Stadt, Familie, Haus, Tempel. Es ist wie eine Beschreibung von Gemeinde und Kirche. Wichtig ist dabei die Feststellung, daß es sich um einen Bau aus lebendigen Steinen handelt, um den Bau eines Tempels, der hineinreicht in eine himmlische, eschatologische Größe. Von dem in die himmlischen Bereiche erhöhten Christus, dem Schlußstein (= Eckstein) empfängt der Bau seine eschatologische Qualität. Man ist an die Eingangsportale gotischer Kathedralen erinnert. So ist Kirche immer im Werden und nie Kirche am Ziel." Der Wachstumsprozeß ist kein bloß äußerer Vorgang, sondern ein das Ganze von innen her prägendes Geschehen" (Gnilka). Kirche sind wir nicht von uns selbst aus, sondern dadurch, daß wir in diesen Prozeß aufgenommen, „eingebaut" wurden und den schicksalhaften Zusammenschluß mit den anderen und andersartigen („den Mitbürgern der Heiligen" 2,19) bejahen.

III

Das Thema unserer Perikope lautet eindeutig: Christus unser Friede. Es ist reizvoll, einmal alle Begriffe zu sammeln und zu deuten, die einem spontan zum Schlüsselwort *„Friede"* einfallen. Einige seien genannt: Zufriedenheit, in Frieden lassen, um des lieben Friedens willen, Friedensheld, Friedensstrukturen, Friedensverrag, Frieden gleich Nicht-Krieg, Entfeindung, Friedhof, ruhe sanft in Frieden... All diesen Begriffen ist gemeinsam, daß es sich um ein bestimmtes Verhalten der Menschen untereinander handelt, sei es im privaten oder öffentlichen Leben. Bei den Toten ist es mehr ein Entschwinden aus der normalen menschlichen Kampfsituation in die ewige Ruhe, sogar in das Nichts. Friede geschieht im Bereich von Erfolg oder Scheitern einer menschlichen Leistung. Gesehen wird nur die horizontale Ebene menschlicher Geschichte.

Ganz anders geht unser Text an das Thema „Friede" heran. Friede ist hier nicht unsere Leistung, sondern ein Handeln Christi. Dabei ist er nicht nur der Verkünder einer Friedensbotschaft (wie die Engel zur Geburt Christi bei den Hirten). Er schafft den Frieden, in dem er aus Zweien – den Nahe- und Fernstehenden – ein Neues macht; die beiden versöhnt er in einem Leib mit Gott durch das Kreuz, durch das er in sich jegliche *Feindschaft* getötet hat (2,1–16). Das ergibt sich klar aus dem Christuslied, das unserem Text vorausgeht.

Ursprünglich gemeint ist in dem Lied der kosmische Friede zwischen einer Welt ohne Gott und einer Welt mit Gott. Es ist nicht die Paradieseswelt, die ohne Sünde und Feindschaft war, sondern es ist das Heranwachsen einer neuen Welt aus einer Welt, die durch Sünde mit Feindschaft vergiftet war: Zur Feindschaft untereinander und mit Gott verdammt.

Dieser Friede ist von Christus gestiftet durch seinen Tod am Kreuz. Dadurch ist unsere Welt wieder geöffnet worden, haben wir Zugang zum Vater, stehen wir nicht mehr wie Fremde zueinander oder gar gegeneinander, sondern sind „in einem Geist". Das Ergebnis dieser neu geschaffenen Welt des Friedens wird geschildert in verschiedenen Bildern, die von unglaublicher Aktualität sind, besonders im Blick auf unsere gegenwärtige Geschichte: Die „trennende Mauer", – die Feindschaft – wird aufgelöst (2,14), eine neue „polis" (politisches Gefüge) entsteht, in dem es keine Ausländer, Aussiedler oder Asylanten mehr gibt, – alle sind Mitbürger der Heiligen, Hausgenossen Gottes (3,17). Unversehens wird man erinnert an Politiker, die von einem europäischen Haus, vielleicht vom Haus einer vereinigten Welt vollmundig reden. Aber wie soll das geschehen? Die politischen Realitäten sehen ganz anders aus.

In unserem Text ist nicht von einem *Haus*bau die Rede, wo menschliche Strukturen und Architekturpläne die Hauptrolle spielen. Hier ist von einem Haus die Rede, das wie ein Organismus wächst – fast wie aus einem Samenkorn bis hin zur Baumkrone. Es ist das *Wachsen* zu einem Tempel hin. Darin sind wir nicht tote Steine, sondern als lebendige Personen „eingebaut". Der Grundriß ist gegeben durch die Apostel und Propheten, die führenden Charismen-Gaben in den Gemeinden. Das ganze Werk läuft auf seine krönende Vollendung hin, auf den Schlußstein, der ist der Messias, Jesus. Ein visionärer, atemraubender Prozeß, an dem wir beteiligt sind. „Eine Behausung Gottes im Geist" ist im Entstehen. „In eins mit ihm (dem Eckstein, dem Messias) wird der ganze Bau sich zusammenfügen und hinwachsen zu einem heiligen Tempel des Herrn" (2,21).

„Meinen Frieden gebe ich euch, nicht wie die Welt gibt, gebe ich euch", sagt Christus seinen Jüngern (Joh 14,17). In der Tat:

Dieser Friede ist es, an dem wir voll Beteiligte sind, wenn wir Ihm trauen und auf seinen Frieden unsere Hoffnung setzen. Friedenslieder von Christen können nichts anderes als Christuslieder sein. Das darf auch keine triumphalistisch und weltlich-politisch sich gebärdende Kirche vergessen oder gar verdunkeln.

Henry Fischer

3. Sonntag nach Trinitatis

*1. Timotheus 1,12–17**

I

Das Thema des 3. Sonntags nach Trinitatis ist die Umkehr des Menschen. Dabei geht der Blick aber weniger auf die Schuld des Menschen als vielmehr auf das Erbarmen Gottes. Das kommt im Wochenspruch zum Ausdruck, der zugleich das Motto des Sonntags ist: „Des Menschen Sohn ist gekommen, zu suchen und selig zu machen, was verloren ist" (Lk 19,10). Das wird im Evangelium (Lk 15,1–10) entfaltet. Jesus geht dem verlorenen Schaf nach, um es zurückzuholen. Er geht uns nach, die wir uns verloren haben. Wir haben, so sagt Gregor von Nyssa, unsere Menschlichkeit verloren. Wir haben die Drachme verloren, unsere göttliche Würde. Wir sind aus unserer Mitte gefallen, wir sind uns selbst abhanden gekommen. Jesus kommt nun zu uns, um uns unsere verlorene Menschlichkeit wieder zu schenken, um uns wieder ganz und heil zu machen. Und das geschieht gerade in der Eucharistie. Denn Lukas begründet ja die drei großen Gleichnisse vom verlorenen Schaf, der verlorenen Drachme und vom verlorenen Sohn damit, daß die Pharisäer sich über seine Mahlzeiten mit Sündern aufregten. Die Eucharistie ist aber eine Fortsetzung der Mahlzeiten Jesu mit den Sün-

* OLM: 24. Sonntag im Jahreskreis (C)

dern. Da kommt er zu uns, die wir uns verloren haben, und feiert mit uns Mahl, damit wir eins werden mit ihm und durch ihn mit Gott, damit wir Gottes Güte und Menschenfreundlichkeit in ihm erfahren.

In den beiden Wochenpsalmen Ps 25 und 32 wird die Bitte um das Erbarmen Gottes und zugleich der Dank für seine Vergebung in immer neuen Bildern ausgedrückt: „Denk an dein Erbarmen, Herr, denk nicht an meine Jugendsünden, sieh meine Not und Plage an, und vergib mir all meine Sünden! Wohl dem Menschen, dem der Herr die Schuld nicht zur Last legt." Die Lesung 1. Tim 1,12–17 zeigt am Beispiel des hl. Paulus, wie groß das Erbarmen Gottes ist. An Paulus wird die Grundwahrheit unseres Glaubens sichtbar, daß Christus gekommen ist, um die Sünder zu retten.

II

Der 1. Timotheusbrief ist eine Schrift der dritten christlichen Generation, die die Botschaft des Paulus in eine veränderte Situation hinein übersetzt und neu zum Sprechen bringt. Von Paulus her sucht der Verfasser nach Antworten auf die Herausforderung durch eine jüdisch gefärbte Gnosis. In unserem Abschnitt will sich der Verfasser legitimieren. Er spricht vom Auftrag, den Christus seinem ehemaligen Verfolger erteilt. Paulus wurde das Evangelium in besonderer Weise anvertraut. In seiner Autorität schreibt nun der Verfasser des Briefes. Doch indem er die *Bekehrung* des Sünders Paulus als Urbild unserer Bekehrung beschreibt, wird unversehens aus dem Paulus praedicans, dem predigenden, der Paulus praedicatus, der gepredigte. Paulus erscheint als Urbild des Sünders, der durch das Erbarmen Christi gerettet wird.

Die Erzählung der Bekehrung des ehemaligen Christenverfolgers unterscheidet sich wesentlich von der Schilderung des Damaskusereignisses, die Paulus in 1. Kor 15,8–11 oder Gal 1,13–16 selbst gibt. Paulus bezeichnet sich selbst als Eiferer für das Gesetz, als gesetzestreuen Pharisäer. Hier jedoch wird er als Sünder und Frevler beschrieben. Die beiden Begriffe „Lästerer und Frevler", die das Verhalten des Paulus kennzeichnen, stammen aus den Lasterkatalogen. So wird Paulus hier als „Typus des gottlosen Menschen schlechthin" (Roloff) dargestellt. Die Paulus-Anamnese des Timotheusbriefes ist von ihrer Terminologie her in der Beschreibung des Damaskuserlebnisses weniger der Tradition der Apg als vielmehr der von Kol und Eph verpflichtet. Paulus wird als Urbild für alle Menschen beschrieben, die Jesus Christus begegnen und in ihm die Fülle seines Erbarmens erfahren. Das ganze Leben des Paulus stellt exemplarisch die Mitte des Evangeliums vor Augen, daß Jesus Christus in diese Welt gekommen ist, um die Sünder zu retten. An ihm zeigt sich, daß das Erbarmen Gottes größer ist als unsere Schuld.

III

Wenn Paulus das Urbild des von Jesus Christus geretteten *Sünders* ist, dann können wir in ihm sowohl unsere sündige Existenz als auch Gottes erbarmende Liebe zu uns erkennen. Unser Sein in der Sünde wird in fünf Begriffen dargestellt: Wir sind Lästerer, Verfolger, Frevler, unwissend und ungläubig. *Lästerung*, das war für die frühen Mönche das Laster, das sie am meisten fürchteten. Die Leidenschaften, so meinen sie, würden uns nicht von Gott trennen. Wer aber Gott lästert, der ist von seiner Liebe ausgeschlossen. Der Lästerer stellt sich gegen Gott, er lehnt sich gegen ihn auf und verschließt sich seinem Erbarmen. Doch Gott, so sagt uns 1. Tim, kann selbst den Lästerer zur Umkehr bewegen, wie es das Beispiel des hl. Paulus zeigt. Sein Erbarmen kann die Mauer durchbrechen, die der Lästerer zwischen sich und Gott errichtet hat.

Das Wort *Verfolger* trifft natürlich in erster Linie auf Paulus zu, der nicht nur die Christen, sondern auch Christus verfolgt hat. Unser Leben ist oft eher eine Flucht vor Gott als ein Verfolgen. Doch vielleicht sind wir oft genug doch dem Paulus ähnlich, der ja voller Eifer für das Gesetz war. Immer wenn wir begeistert etwas vertreten, wenn wir mit großem Eifer für etwas kämpfen, sind wir in Gefahr, andere zu verfolgen. Wir sehen dann nur noch uns und unsere Ideen und sind blind für die Wahrheit. Wir verfolgen unsere Prinzipien und merken gar nicht, daß wir damit zum Verfolger von Menschen werden, die wir unseren Prinzipien unterwerfen. Gerade der religiöse Eifer ist oft in Gefahr, zum blinden Eifer, zum Fanatismus zu werden. Und wenn man im Namen Gottes andere Menschen verfolgt, wenn man Gott selbst als Begründung für sein Verhalten heranzieht, dann ist es schwer, seine Blindheit zu erkennen. Dann braucht es einen Blitz, der in uns fährt. Wir müssen von unserem hohen Roß herab und auf die Nase fallen, unser bisheriges Lebensgebäude muß zusammenfallen, damit wir unsere Augen öffnen und die Wahrheit anschauen.

Das Wort *Frevler*, hybristes, hat den Hochmut als Wurzel. Der Hochmütige ist für die Wahrheit genauso blind wie der Verfolger. Hybris, Überheblichkeit, Hochmut, das war für die Mönche das letzte und gefährlichste Laster, das immer dann auftritt, wenn man im Kampf gegen die Leidenschaften Erfolge hat, wenn man aszetische Leistungen vorzuweisen hat. Stolz ist die Weigerung, seine Menschlichkeit anzuerkennen. Der Stolze verschließt immer mehr die Augen vor seinen eigenen Schwächen, so daß er sich von niemandem mehr verunsichern läßt, weder von Menschen noch von Gott. Er weiß alles besser, er hat immer recht. Und seine Zweifel, die dennoch oft genug in ihm aufsteigen, verdrängt er mit Gewalt. Er will an seinem Idealbild festhalten, er will sich weiter an seine Illusionen klammern. Er lebt in der Welt seiner Illusionen und wird immer mehr von der Wirklichkeit abgeschnitten. Das führt, so sagen die Mönche, letztlich zum Wahnsinn. C. G. Jung nennt diese Haltung Inflation. Man bläht sich mit hohen Idealen auf, man identifiziert sich mit Archetypen, z. B. mit Archetypen des Propheten, des Märtyrers, des Heiligen. Und man merkt gar nicht mehr, daß man ein fehlerhafter und sterblicher Mensch ist. Als Heilmittel geben die Mönche die Demut an, die humilitas, die Bereitschaft, seine Erdhaftigkeit, seine Menschlichkeit, seine Fehlerhaftigkeit, seinen Schatten anzunehmen.

Unwissenheit ist für die frühe Kirche ein Zeichen des Heidentums. Der Epheserbrief spricht davon, daß die Heiden in der Unwissenheit gefangen sind (vgl. Eph 4,18). Sie haben ihr Herz verhärtet und wollen Gott nicht die Ehre geben. Es geht nicht darum, daß sie nie von Gott gehört haben, sondern daß sie Gott nicht anerkennen wollen, daß sie nicht wissen wollen. Es ist immer schuldhafte Unwissenheit. Man will nicht sehen, daß

Gott der Herr dieser Welt ist, sondern verschließt Herz und Verstand vor dieser unausweichlichen Einsicht. Und so ist Unwissenheit immer auch *Unglaube*, Weigerung, sich dem Schöpfer und Herrn des Weltalls zu anzuvertrauen.

Im Bild des Sünders Paulus können wir uns selbst meditieren, wie wir uns gegen Gott und die Ahnungen unseres Herzens verschließen, wie wir uns gegen alle wehren, was uns die Wahrheit vor Augen hält, und wie wir uns gegen Gott auflehnen und ihm den Glauben verweigern. Aber mehr noch als zur Meditation unserer Sünde lädt uns der Timotheusbrief ein, das Erbarmen Gottes an uns zu betrachten und ihm dafür zu danken. Überschwenglich reich erwies sich das Erbarmen Gottes an Paulus. Jesus Christus hat an Paulus als erstem die Größe seiner Langmut gezeigt, als Bild dafür, was er auch an uns tun wird, wenn wir zum Glauben an ihn kommen. Das *Erbarmen Gottes* hat zwei Wirkungen. Einmal bewirkt es in uns Glaube und Liebe. Beide Begriffe gehören eng zusammen und bezeichnen in den Pastoralbriefen gemeinsam die Wirklichkeit des neuen Lebens, das uns Christus geschenkt hat. Das Erbarmen Gottes verwandelt unser Herz, so daß es sich nicht mehr an sich festhält, sondern sich hergeben kann, einmal im Vertrauen und Glauben an Gott, zum andern in der Liebe, in der es sich dem Gott der Liebe öffnet, aber auch bereit wird, sich den Menschen zuzuwenden. Das Erbarmen Gottes bewirkt also etwas in uns, es bleibt nicht folgenlos. Es verwandelt unser Herz, so daß es barmherzig sein kann. Es muß sich nicht mehr verschließen, sondern kann sich Gott und den Menschen öffnen. Die Frage ist, wie das Erbarmen Gottes uns verwandeln kann. Das geht ja offensichtlich nicht automatisch. Indem wir das Erbarmen Gottes an dem Sünder Paulus meditieren, kann auch unser Herz weit werden. Das meditierende Verweilen beim barmherzigen Handeln Gottes löst die Verkrampfungen unseres Herzens und verwandelt die Herzenshärte in barmherzige Liebe.

Die zweite Wirkung des Erbarmens wird in dem frühchristlichen Bekenntnis ausgedrückt: „Christus Jesus ist in die Welt gekommen, um die Sünder zu retten“ (V. 15). Jesus ist für die Pastoralbriefe wesentlich der Retter. Er errettet uns aus den Fesseln der Schuld. Die Frage ist auch hier, wie diese Aussagen von der dogmatischen Ebene auf die Erfahrungsebene kommen.

Es könnte helfen, die Szenen zu meditieren, in denen Jesus die Sünder nicht verurteilt, etwa Lk 7 oder Lk 19. Der Brief selber lenkt jedoch unsern Blick auf das Geschick des Paulus. Er, der Christus verfolgte, wurde durch sein Erbarmen aus seiner Sünde errettet. Wenn Jesus seinen wütenden Verfolger nicht verurteilt, sondern in seinen Dienst ruft, dann wird er auch uns ewiges Leben schenken. Wer schuldig geworden ist, kann sich selbst nicht erretten. Er wird in seinen Schuldgefühlen gefangen bleiben. Er erfährt sich als unannehmbar, unzumutbar für andere und so letztlich isoliert. Er wütet gegen sich selbst, zerfleischt sich mit seinen Schuldgefühlen. Aus dieser Selbstablehnung und Isolation kann er nicht aus eigenem Willen ausbrechen. Da muß das Erbarmen Gottes für ihn erfahrbar werden. Da muß er spüren, daß Gott ihn nicht verurteilt, sondern ihn, den Unannehmbaren, annimmt und liebt. Nur so kann er sich selbst annehmen, nur so wird seine Schuld in ihrer zerstörerischen Wirkung aufgehoben, nur so wird das Herz aufhören, sich selbst zu beschuldigen. Das Erbarmen Gottes kann in der Meditation von Pauli Umkehr das Herz verwandeln und barmherzig machen. Und so kann es mit dem Verfasser in den Jubel und Dank über Gottes barmherzige Liebe ausbrechen: „Dem König der Ewigkeit, dem unvergänglichen, unsichtbaren, einzigen Gott, sei Ehre und Herrlichkeit in alle Ewigkeit. Amen“ (V. 17).

Anselm Grün

4. Sonntag nach Trinititas

*Römer 14,10–13**

I

Nach dem ausgiebig gefeierten Osterfest setzt der Sonntag Trinitatis ein Vorzeichen: Aus dem Glauben an die Gegenwart des dreieinigen Gottes soll die neue Lebensart der Christen sichtbar werden. Das Taufversprechen der Osternacht will buchstabiert sein, die neue Beziehung zum lebendigen Gott will sich in das alltägliche Hand- und Mundwerk einmischen. Die sonntägliche Liturgie will Türen öffnen zu einer heilsamen Selbsterfahrung, sowohl im Anschauen und Zulassen der destruktiven Kräfte als auch im Gewahrwerden der Kraft des Wortes Gottes, das Dunkles in Helles, Zerstörerisches in Aufbauendes wandeln kann. So wird das ‚Lechzen nach Gott' (Ps 42,2) einerseits spürbar, andererseits erträglich und auch anfanghaft gestillt.

Die Schrifttexte des Sonntags sprechen von der Macht des Wortes. Dabei kommt die im Wort vermittelte „Weisheit von oben" (Jak 3,15) in den Blick, aber auch, wie sie im menschlichen Wort verspielt werden kann (Röm 14,10; Lk 6,37) und dann unabsehbaren Schaden anrichtet. Denn im Verhältnis von Menschen untereinander und zu Gott gilt, was Reiner Kunze in einem Vers so verdichtet hat: „Doch wer weiß schon, was das heißt: mit dem wort am leben hängen." Es ist nicht nur so, daß der Mensch seine eigene Sprache braucht, um sich auszusagen, er lebt genauso davon, angesprochen zu werden, vielversprechend zu sein. Das Wochenlied ahnt, wie das Wort mit dem „am Leben hängen" zu tun hat und richtet sich nach den Weisungen der Schrift, nennt jedoch zugleich unmißverständlich den Ansatzpunkt: Das eigene Wort, das gut-tut oder Schaden anrichtet, das kraftvoll ist oder überflüssig, weil nichtssagend (EKG 383,3). Damit richtet sich der Blick auch auf den predigenden

* OLM: (V. 7–9.10c–12) Allerseelen

Menschen selbst, der unter dem Wort und im Wort steht, zumal wenn er amtlich redet. Von woher regt sich ‚mein' Wort? In welche Situation wird es gesprochen? Wohin will es führen? Wie geschieht das? Der Abschnitt des Röm kann einige Anhaltspunkte zuspielen.

II.

Im Predigttext (Röm 14,10–13) ist die Rahmengeschichte entscheidend. Es geht um ein „kritisches Verhältnis" zwischen Schwachen im Glauben (14,1) und Starken (15,1): Die Starken ‚verachten' die Schwachen, die Schwachen ‚richten/verurteilen' die Starken. Der Kristallisationspunkt dieser Spannung sind bestimmte Speisegebote und Tage. Die Schwachen essen vegetarisch (14,2.21) und ‚bevorzugen' bestimmte Tage (14,5). Deswegen vermutet man hinter den „Schwachen" eine Gruppe von Judenchristen, die aufgrund ihrer jüdischen Herkunft sich nicht mit heidnischen Gebräuchen wie etwa Einkaufsarten von Speisen u. a. abfinden können. Das Problem verschärft sich vor allem dadurch, daß die „Starken" die anderen verachten, was sich schon in ihrer Beziehung als „Schwache" ausdrückt, und so auf sie Druck ausüben mit der Absicht, daß sie ihre als richtig erkannte Lebensweise aufgeben. Es droht also durchaus die Aussonderung einer Minderheit aus der Gemeinde. Wie geht Paulus nun mit dieser Situation um?

Zunächst: Der Apostel richtet sich an beide Gruppen, und zwar so, daß er sie jeweils auf ihr zur Debatte stehendes Merkmal hin anspricht (14,10a). Seine Mahnung ist freilich in die Form der rhetorischen Frage gekleidet. Bei aller Klarheit der Zielrichtung bleibt so doch Spielraum für beide, sich auf einen neuen Weg hinüberfragen zu lassen. Er kommt nicht mit einem schweren Geschütz, nicht mit Vorwurf, Befehl oder Belehrung mit erhobenem Finger. Statt dessen richtet er an beide zugleich eine Frage, die den Konflikt in den Blick nimmt.

Dann: Damit ist für Paulus der Weg frei zu einer schöpferischen Lösung. Sie besteht darin, daß Paulus beide Gruppen an den Grund des Glaubens heranführt (s. 14,3b.7–9): Die Annahme durch den Herrn, die persönliche Beziehung zu Christus, in der jeder Christ steht. Zu ihm gehört er in Leben und Tod. Das ist der Angelpunkt, von dem aus ohne Furcht und Zorn alle Fragen des Lebens auf ihren Kern zurückgeführt und in ihrer Schräglage aufgedeckt werden können. Damit erscheint das ‚kritische Verhältnis' zwischen Starken und Schwachen je und je als Versuch, im Urteil über andere und im Vergleich mit anderen die eigene Rechtfertigung zu suchen.

Daraus folgt schließlich in diesem Konfliktfall die Aussicht auf einen gangbaren Weg: Im Gegenüber zu Christus verändert sich das Gegenüber zum Mitmenschen. Wie Paulus selbst die Gruppe zu gewinnen sucht, so sollen sie ihr Augenmerk aufeinander richten, daß sie dem anderen nicht zum Skandal, zum Stolperstein und Ärgernis werden. Die Mahnung ist abgrenzend und nennt eher Leitplanken, innerhalb derer sich ein weites Feld zur positiven Gestaltung auftut. Freilich bleibt dieses Fazit nicht im luftleeren Raum, mit ihm ist keine glatte Lösung gesichert. Denn Paulus bezieht deutlich Position. In das Profil seiner Weisung gehört unbedingt seine differenzierte Meinung, mit der er sich vor allem an die ‚Starken' wendet: Er teilt ihre Überzeugung „im Herrn": Nichts ist an sich unrein! (14,14). Doch teilt er nicht ihr Verhalten. Christus zu dienen und zum Aufbau der Gemeinde beizutragen, ist der Maßstab des Handelns, weil Gerechtigkeit, Frieden und Freude die Merkmale des Gottesreiches sind. Aus dieser Gabe erwächst die Freiheit, zu der Paulus hinführen will: Im Konfliktfall auf etwas zu verzichten, um einen anderen nicht zu Fall zu bringen.

III

Partei ergreifen – das gehört zu unserem Alltag. Man kann für jemanden Partei ergreifen, aber auch gegen jemanden. Bis in den politischen Raum hinein wird das tagtäglich notwendig. Die Spannbreite der Möglichkeiten reicht vom Rigorismus bis zum Enthusiasmus. Wer voreingenommen, also parteilich, an eine Situation herangeht, wird kaum zu einer befreienden Lösung beitragen, eher erleben, wie ein Zerfall in *Parteiungen* entsteht. Wer meint, sich aus allem heraushalten zu können, wird umgekehrt spüren, wie das Leben grau in grau wird, wie über ihn bestimmt und mit ihm verfahren wird, wie er sich nach und nach aus dem menschlichen Zusammenleben ausschließt. Wie geht das, richtig Partei zu ergreifen? Auf welchem Fundament ruht das?

Oft stehen sich im kleinen und großen Maßstab Parteien eher feindselig gegenüber, gerne wird schwarz-weiß gemalt, Verachtung und Verurteilung sind mitunter vorrangige Kategorien im Umgang miteinander. Woher rührt das? Denn das kann doch das Fundament nicht sein! Die Wurzel allen Übels liegt wohl darin, daß wir uns mit anderen vergleichen. Denn Beziehungsweisen wie „verachten" oder „verurteilen" haben einen Drall in Richtung „vergleichen". Es fehlt die grundlegende Unterscheidung, daß wir alle etwas anderes und mehr sind als unsere Werke, als unsere Leistungen. Dieser Mangel im Umgang mit dem eigenen Lebensgrund hat fatale Folgen, die sich dann im vielschichtigen „Parteienkrieg" niederschlagen. Was nottäte wäre, daß wir Menschen eine Bewußtseinserweitung nach innen und außen erfahren.

Eine Ordensfrau, die seit langem mit Prostituierten im elenden Milieu arbeitet und ihnen zu einem menschenwürdigen Leben, und das heißt auch zu strukturellen Verbesserungen, zu helfen sucht, wird in einem Gespräch gefragt: „Wie kommt es, daß Sie bei all dem Elend und der Not, bei all den Abgründen menschlichen Lebens, so gelassen und zuversichtlich sind? Macht Sie das Schicksal der Dirnen, die große Mühsal und so viel Vergeblichkeit nicht kaputt?" Ihre Antwort: „Wissen Sie, ich bin nicht anders als diese Frauen, ich hatte es nur anders." Wie selbstverständlich ergreift diese Frau Partei für die oftmals erniedrigten und gedemütigten Frauen, wohlwissend, daß nicht eigenes Verdienst sie vor solchem Schicksal bewahrt hat, sondern Glück, Geschenk und Gnade. Sich immer in falscher Weise zu vergleichen, verhindert, daß wir in Wahrheit zu Gott finden und ihn anbeten (s. Röm 14,11). Erst aus solch realistischer Solidarität erwachsen neue Wege, miteinander leben zu lernen, Partei zu ergreifen und so Skandale zu beseitigen. Da wird durchbrochen, was mehrheitlich geschieht, nämlich zu schauen, wer oben und unten ist und sich entsprechend zuzuordnen. Hier wird ahnbar, wie schwer es ist, Voreingenommenheiten zu öffnen und sich zeigen zu lassen, wie kostbar die Würde eines jeden Menschen ist.

Wir selbst sind uns nicht völlig transparent. Es bleibt in uns ein dunkler Raum, der letztlich menschlichem Urteil entzogen bleibt. Gottes Geist führt an den Grund, daß wir Menschen in Jesus Christus, in der glaubenden Bindung an ihn, von Gott endgültig angenommen und bejaht sind. Dieser Grund will immer neu entdeckt, glaubend angeeignet und verwirklicht werden. Das führt schließlich in die Klärung der „kritischen Verhältnisse" ebenso wie in das beharrliche und wohlmeinende Augenmerk aufeinander. Nur über jemanden zu reden und nicht mit ihm, ist eine hartnäckige Form von Unmenschlichkeit und Atheismus. Von der Blickeinstellung: „Was hast du, das du nicht empfangen hättest?" (1. Kor 4,17) lassen sich je und je konkrete ‚kritische Verhältnisse' auffinden – im eigenen Bereich, in der Gemeinde, in der Gesellschaft – und im Sinne von Röm 14,10–13 ‚in Angriff nehmen'.

Literatur:
Reiner Kunze, eines jeden einziges leben gedichte, Frankfurt 1986.

Paul Deselaers

5. Sonntag nach Trinitatis

*1. Korinther 1,18–25**

I

Von der „Gabe des Glaubens" (Eph 2,8) ist jede Versammlung der Christen geprägt, zumal die Feier der Eucharistie, des Abendmahles. Die Lebenswahrheit des Glaubens liegt vor, sie ist hörbar im Wort und sichtbar im Zeichen. Und doch will sie

* OLM: (V. 22–25) 3. Fastensonntag (B)

immer wieder entdeckt, bewahrt und übersetzt werden. Umgekehrt bekennen die im Herzen unruhig Gewordenen, daß sie dieser Wahrheit bedürfen und sie sich zu eigen machen wollen. Anknüpfung und Widerspruch prägen dabei diese Annäherungsbewegungen. Andeutungen, daß die Botschaft in den Glaubenden ankommt, finden sich im ‚Amen-Sagen', in den gemeinsamen Lobpreisungen zum DU Gottes hin. Ps 73 erkundet solche Wege: „Ich aber bleibe immer bei dir" (V. 23); „Was habe ich im Himmel außer dir?" (V. 25); „Gott nahe zu sein ist mein Glück" (V. 28).

Ihre Kontur erhält die „Gabe des Glaubens" vor allem dadurch, daß sie sich am Kreuz und am „Wort vom Kreuz" (1. Kor 1,18) entzündet, diesem ärgerlichen und entsetzlichen Zeichen, das der Inbegriff des Glaubens der Christen ist. Im Angesicht des Kreuzes wird vieles offenbar: Schmerzlich und erschütternd die Trägheit des menschlichen Herzens, die Abwehr gegen den Aufruf Jesu, in eine neue Gemeinschaft mit Gott aufzubrechen; die Selbstprüfung, der Aufbruch des Herzens und die Wandlung hin zur Entscheidung, mit dem Gott Jesu Christi und aus der schmerzlich-beseligenden Entdeckung seiner alles verändernden Wahrheit zu leben. Diese Wahrheit ist die Alternative zu einer Welt, in der Konkurrenz und Selbstbehauptung den Ton angeben. „Nur von Verwandelten können Wandlungen ausgehen" (S. Kierkegaard). In beiden Ebenen, die im Menschen und die von ihm ausgehende, will der Predigttext (1. Kor 1,18–25) leiten. Er hat seinen Horizont und seine Absicht aus dem größeren Zusammenhang des 1. Korintherbriefes.

II

Paulus schreibt der Gemeinde in Korinth, weil in ihr Spaltungen aufgetreten sind, und zwar in doppelter Hinsicht: Einmal haben sich Personalgemeinden gebildet, zum anderen geht durch das soziale Gefüge der Gemeinde ein Riß. Dadurch ist nicht nur die Autorität des Paulus angeschlagen, vielmehr noch ist seine Botschaft verfremdet worden. Hier liegt der ‚Haken', an dem der Apostel hängen geblieben ist. Das „Wort vom Kreuz" (V. 18) scheint durch eine gefälliger klingende Weisheitslehre abgelöst worden zu sein, die durchaus auch eine gefälligere, weniger herausfordernde Lebensweise nach sich zieht. Deswegen beginnt Paulus programmatisch und provokativ nach Anschrift und Gruß (V. 1–3) sowie der Danksagung (V. 4–9) die Beschreibung des Sachverhalts (V. 10–12), der mit einer ersten Begründung angeleuchtet wird (V. 13–17). In klarer Ausschließlichkeit stellt er dann den gekreuzigten Messias als den Inhalt christlicher Verkündigung, Inbegriff der Heilsgeschichte und Lebensgrund der Gemeinde hin (V. 18–25). Im Zusammenhang bedeute das: Wo das Kreuz übergangen oder umgedeutet wird, muß es geradezu zu Spaltungen in der Gemeinde kommen. Also geht es darum, Gottes Weisheit im Kreuz als den Angelpunkt christlichen Glaubens und Lebens in die Mitte zu stellen.

Vielfache Gegensätze um das Begriffspaar Weisheit und Torheit durchziehen den Abschnitt und werden sprachlich so ineinandergefügt, daß der Abschnitt im Verlauf des Briefes wuchtig dasteht. Entscheidend ist, wie jemand auf die Kreuzespredigt reagiert, ob er sich von herrschenden Denkmustern einfangen oder in geistlicher Erschütterung vom Christusgeschehen aufbrechen läßt. Paulus begibt sich auf die Seite Gottes, um aufzuzeigen, daß die Menschen die Möglichkeit zur Erkenntnis Gottes vertan haben, wie sie in den Schöpfungswerken zu gewinnen wäre (s. Röm 1,19–25). Diese Verblendung der ganzen Welt in Korinth hat den lebendigen Gott zu einer neuen Initiative veranlaßt, indem er die Denkweise von Juden und Griechen, die sich je deutlich von den Heiden und Barbaren getrennt haben, durchkreuzt. Was Paulus verkündet, „Christus als den Gekreuzigten", trägt Gottes eigene Handschrift, für Juden und Griechen je anders ein lächerlicher Skandal. So entsteht das neue Volk, das sich ganz auf das Wort vom Kreuz gründet. Das ist einerseits die Zusammenfassung des Evangeliums, andererseits mißt sich jedes Wort der Verkündigung an dem gekreuzigten Messias Gottes. Ihn gilt es als das wahre Leben zu entdecken und so in seiner Annahme auch den Spaltungen unterschiedlichster Art entgegenwirken zu können.

III

Fortschritt durch Leistung! Von dieser Maxime ist unsere Gesellschaft geprägt. Wenn man Erfolg hat, steigt man immer nur auf. Eine Karriereleiter, auf der immer mehr an erster Stelle stehen wollen. Darauf ist das Verhalten eingeschworen, möglichst weit nach oben und nach vorne zu kommen. Wer nicht mithalten kann in diesem Kampf um Einfluß und Positionen, wer zurückbleibt und Niederlagen erleidet, ist eben schwach, verliert an Ansehen, wird zum Nichts. Bis in die privaten und intimen Beziehungen hinein gibt es das Erfolgs- und Fortschrittsdenken: Wer versagt, nichts leistet, keine Potenz hat, ist ein Schwächling und fällt durch die Maschen, unbarmherzig.

Die Maxime des Evangeliums ist anders. Manchmal läßt sie sich an Menschen klar erkennen. Etwa an Dom Helder Camara, der mit seinem wachen, gütigen und auch verschmitzten Gesicht durchs Fernsehen wohl allen bekannt ist. Schon über 80 Jahre alt ist dieser brasilianische Bischof und Anwalt der Armen, Symbol einer Kirche, die sich auf die Seite der Schwachen stellt, um ihr und mit ihr Gottes Gerechtigkeit zu erbitten und zu bezeugen. Wie ist er der geworden, der er heute ist? Bekehrt wurde er nach seinem Zeugnis durch seine Versetzung, er wurde aufmerksam gemacht auf die Favelas und die Ärmsten der Armen im Nordosten Brasiliens. Derart auf den letzten Platz versetzt, läßt er sich herausfordern und bekehren vom Evangelium angesichts der Bedürftigen und Ohnmächtigen. Von Amts wegen weiß er sich nun zu den Armen gerufen vom armen Gekreuzigten aus Nazareth. Zwar war er auch zuvor schon vom Kreuz ergriffen. Doch jetzt hat er in der „Gnade des Herrn" begriffen, was ihn ergriffen hat. Das ist die Weisheit des Kreuzes. Und so lernt er neu an dem gekreuzigten Auferweckten, wo Leben ist, wie in IHM der Ohnmächtige mächtig und der Mächtige schwach wird, – wie Freiheit wächst, wo man sich nicht von herrschenden Gefügen umwerfen läßt. So kann er die Machtspiele der „Höhergestellten" nicht mehr mitmachen, Frömmigkeit nicht mehr als Gewerbe sehen.

Bei Paulus wird deutlich, daß das *Kreuz* der Inbegriff der christlichen Botschaft ist. Freilich kann das Anlaß zu Mißverständnissen sein. Es ist wichtig, das Kreuz als Brennpunkt zu sehen, das seine Vor- und Nachgeschichte hat und immer schon mit einschließt. Die Vorgeschichte ist das Leben Jesu. Er hat das Kreuz nicht gesucht, doch ist er ihm nicht ausgewichen. Als es ihm zum Preis seines Lebens, seiner Verkündigung und seines Wirkens wurde, hat er die Liebe Gottes heilend wirksam werden zu lassen: Konsequenz bis zum Letzten und Mut auch zum Leiden. Doch hat ihn dieser Weg zu Gott selbst geführt, und so wird sein Kreuzestod doch in Wahrheit der Durchbruch zu neuem Leben und zu wahrem Menschsein, im Lichte von Ostern. Das Kreuz hat als Nachgeschichte eben Ostern, wo in der Auferweckung durch Gott die Umwertung aller Werte deutlich wird. So ist das Kreuz die Botschaft, daß Gott längst dafür gesorgt hat, was wir mit Weisheit und Machtzeichen zu erreichen suchen: Das wahre Leben. „Die Weisheit aller Weisheit ist es, den Preis einer jeden Sache zu kennen" (Erhart Kästner). Die Erinnerung an das Kreuz und die Berufung auf das Kreuz ist zugleich auch der Fingerzeig auf das, was geglücktes Menschsein im Sinne des Evangeliums ist: Nicht Kampf aller gegen alle, sondern Bereitschaft, andere wahrzunehmen und sich für sie einzusetzen – der Mut, sich für andere zu verausgaben und ihnen zu Lebensschritten zu verhelfen; die Fähigkeit, Gewalt nicht mit Gewalt zu beantworten. Kreuz ist die Durchkreuzung des eingefleischten Karrieredenkens und aller egoistischen Haben-Mentalität. Gibt es eine schärfere Gesellschaftskritik, eine radikalere Kirchenkritik, eine genauere Selbstkritik? Der letzte Grund zu solchem Leben ist die Gewißheit, daß Jesus nicht im Dunkel des Kreuzestodes verschwunden ist, sondern ans Licht des Lebens kommt und wiedererkannt wird an den Wundmalen des Kreuzestodes.

Literatur:
Dom Helder Camara, Die Bekehrungen eines Bischofs, Wuppertal 1978, bes. S. 179–189

Paul Deselaers

6. Sonntag nach Trinitatis

*Römer 6,3–8 (9–11)**

I

Der 6. Sonntag nach Trinitatis hatte früher einen ausgesprochen unbestimmten Charakter. Die älteren evangelischen Perikopenordnungen geben, M. Luther folgend, die erste Antithese aus der Bergpredigt (Mt 5,20–26) als Sonntagsevangelium an, während das römische Meßbuch einen anderen Abschnitt aus der Bergpredigt vorsieht (Mt 7,15–21). Dagegen ist die Epistellesung aus Röm 6 seit altersher diesem Sonntag zugeordnet. Die Revision von 1977 hat dann den Schluß des Matthäusevangeliums (28,16–20) mit dem Taufbefehl zum Evangelium bestimmt und demzufolge alle Lesungen dieses Sonntags so geordnet, daß sie einen Bezug zur Taufe haben. Trotzdem ist es liturgisch nicht geraten, diesen Sonntag nun sozusagen thematisch zum Taufsonntag zu machen oder an ihm ein Taufgedächtnis zu feiern. Das Taufgedächtnis hat seinen liturgischen Ort in der Osternacht, und der eigentliche Taufsonntag ist der erste Sonntag nach Ostern, Quasimodogeniti, der ja volkstümlich besonders in katholischen Gemeinden der „weiße Sonntag" genannt wird. Der Skopus unserer Epistel, das neue Leben der Christen unter der Herrschaft des auferstandenen Christus, sollte sich jedenfalls nicht in Richtung einer allgemeinen Taufbelehrung verschieben. Wo es aber möglich ist, wird man gerade an diesem Sonntag im Gottesdienst Taufen feiern, so daß die auf die Taufe zielenden Textaussagen unmittelbar anschaulich und erlebbar werden.

Die Ordnung der Predigttexte stellt es uns frei, ob wir die Verse 9–11 einbeziehen wollen oder nicht. Wie meistens in solchen Fällen empfiehlt sich die Beschränkung. Für die Predigt

---

* OLM: (V. 3–11) Ostersonntag – Osternacht (A); (V. 3–4.8–11) 13. Sonntag im Jahreskreis (A)

ist es eine Hypothek, wenn die Verlesung des Textes erdrükkend oder verwirrend gewirkt hat.

II

Im übrigen liegt es nahe, die Lesung bereits mit V. 1 zu beginnen, denn hier wird die Frage laut, die Paulus im folgenden zu beantworten sucht: Sollen wir bei der Sünde bleiben, damit die Gnade dann desto reichlicher fließt? Die Frage ist rhetorischer Natur. Sie spricht eigentlich ein Argument aus, einen Gedanken, der sich nach dem bisher von Paulus Gesagten einstellen könnte. Er lautet, in unsere Gedankenwelt übersetzt, etwa so: Wenn Gottes Liebe gerade bei den schlimmsten Vergehen ihre größten Triumphe feiert, dann können wir ja getrost weitersündigen. Dann macht es ja gar nichts aus, ob wir Gottes Gebote ernstnehmen oder nicht. Wozu sich um ein anständiges Leben bemühen, wenn am Ende doch alles Gnade ist? Warum schon am frühen Morgen in den Weinberg gehen und sich in der Mittagshitze plagen (vgl. Mt 20,1–16), wenn der, der erst kurz vor Sonnenuntergang in die Kirche eintritt, auch den vollen Lohn bekommt? Gegen solche Überlegungen setzt Paulus die durch die Taufe geschaffenen Realitäten. Nicht einen Straferlaß (der bei Schwerverbrechern natürlich am bewundernswertesten ist), sondern eine Wesensänderung bewirkt die in der Taufe empfangene Gnade. Ein Herrschaftswechsel hat stattgefunden. Die Sünde, das Böse hat seine königliche Macht und seinen Herrschaftsanspruch verloren (vgl. V. 12). Was Verlust von Herrschaft politisch bedeutet, steht uns aufgrund der Erfahrungen der letzten Jahre deutlich vor Augen. Wer der Sünde dient, gehorcht einer Regierung, die es gar nicht mehr gibt!

Es ist wichtig, daß wir realisieren, wie wenig moralisch Paulus hier von der Sünde spricht. Zu beachten ist auch, wie klar er das Einst und das Jetzt gegeneinander abgrenzt. Die Taufe markiert einen tiefen Einschnitt. Wer getauft ist, der ist – gegenüber seinem früheren Leben – buchstäblich nicht mehr wiederzuerkennen. Die Kirchen der „alten Welt“, die durchweg die Kindertaufe praktizieren, müssen es vielleicht von den sogenannten „jungen Kirchen" lernen, was für einen einschneidenden Wandel Glaube und Taufe eigentlich markieren.

Besonders zu bedenken ist die unauflösliche Schicksalsgemeinschaft, die der Christ in der Taufe mit seinem neuen Herrn, mit Christus, erlebt. Das fünffache syn = „mit" in den Versen 4.5.6.8 sowie das „so wie – so auch" in V. 4 und die Entsprechung, von der in V. 5 die Rede ist, sprechen eine deutliche Sprache. Hüten müssen wir uns allerdings, den ersten Aspekt dieser Schicksalsgemeinschaft, den Tod des alten Menschen (V. 6), zu moralisieren. Nicht um ein paar Ungezogenheiten geht es, die ein Christ sich abzugewöhnen hätte, sondern um eine eingefleischte Haltung, um das Mißtrauen, das unser Tun, die „guten Werke" eingeschlossen, vergiftet. In der Taufe geschieht das unglaubliche und wahrhaftig nicht alltägliche Wunder, daß dieses Mißtrauen stirbt.

III

Texte wie diese Epistel verführen leicht dazu, daß wir mehr erklären und belehren als ermutigen und ermuntern. Eine gründliche Meditation kann eine wertvolle Hilfestellung gegen diese Gefahr sein. Zugleich mag sie dazu helfen, daß die Kernaussagen des Textes mit unserer eigenen Erfahrung konvergieren. Zwei Möglichkeiten hierzu sollen im folgenden angeboten und andeutungsweise entfaltet werden.

1. Der erste Vorschlag knüpft an die Aussage aus V. 8 „daß wir auch mit ihm *leben* werden" an. Sie ist ja eine Parallelformulierung zu V. 4: „Daß so auch wir ein neues Leben führen." Wie leicht degenerieren solche starken Glaubensaussagen zu puren Behauptungen, die an „des Kaisers neue Kleider" erinnern. Einen Einstieg in unsere Meditation mag uns ein anderes Pauluswort geben, daß in unseren Zusammenhang gehört: „Ich lebe, doch in Wirklichkeit nicht ich, sondern Christus lebt in mir" (Gal 2,20). Auch hier ist ja von einem Sterben die Rede. Unser kleines, ewig ängstliches und mißtrauisches, unser immer nur auf Sicherheit und Harmonie bedachtes kleines Ich hat seine Subjektrolle ausgespielt. Es hat seine Herrschaft abgeben müssen an den, der in Wahrheit Herr in meinem Hause ist: Christus.

Christus ist mein eigentliches, mein wahres Ich geworden. In der Stille lasse ich los, was mich beschwert. Ich bin nicht mehr gefangen von dem, was sein müßte, sondern nehme gelassen an, was ist. Ich lausche auf meinen *Atem*. Damit ist nicht ein ängstliches Kontrollieren gemeint; darin wäre ja doch wieder das kleine Ich, das alles korrekt machen möchte, am Werk. Ich lasse den Atem kommen und gehen. Und während mein Atem ohne mein Zutun sanfter und tiefer strömt, wiederhole ich leise das angegebene Pauluswort: Ich lebe, doch in Wirklichkeit nicht ich, sondern Christus lebt in mir. Und dann kann ich das Tätigkeitswort „ich lebe“ gleichsam durchbuchstabieren: Ich atme, doch genaugenommen nicht ich, sondern Christus atmet in mir. Oder: Ich bete, doch...; oder: Ich singe, doch...; oder: Ich hoffe, doch...; oder: Ich träume, doch... Dabei mag mit der Zeit aus dem Er ein Du werden: Ich lebe, doch in Wirklichkeit bist Du es, Christus, der in mir lebt. Vielleicht stellt sich auch eine Melodie ein...

So möchte unsere Meditation der Wahrheit, daß „Christus mein Leben ist“, auf die Spur kommen, so daß theologische Einsicht tatsächlich Fleisch wird.

2. Der zweite Vorschlag knüpft an den letzten Gedanken an. Hier steht das Sakrament der *Taufe* im Mittelpunkt. Die Notwendigkeit einer solchen Handlung ergibt sich ja eben daraus, daß keiner von uns von theologischen Einsichten leben kann, und seien sie noch so richtig. Auch das Böse, die Sünde, besteht ja nicht einfach nur aus ein paar verkehrten Gedanken, die wir durch bessere Erkenntnisse ersetzen müßten. Die Sünde sitzt uns buchstäblich in den Knochen, wie eine moderne Formulierung für das, was Paulus in V. 6 bzw. V. 12 sagt, lauten könnte. Es muß also etwas geschehen, was uns wirklich „unter die Haut“ geht. Das Sakrament der Taufe meint Gottes Anspruch auf unseren Leib und bewirkt leibhaftige Erneuerung. Das Mißtrauen, von dem wir oben sprachen, soll leibhaftig überwunden werden, es soll tatsächlich *sterben*. So mögen wir das Geschehen der Taufe meditieren, wobei wir freilich in Rechnung stellen müssen, daß die bei uns allgemein übliche Besprengungstaufe diese Seite der Sache nicht so gut zum Ausdruck bringt wie das gänzliche Untertauchen.

Wir werden dabei aber auch spüren, wie die Taufverkündigung vom Tod des alten Menschen und unsere Grundmeditation zusammenstimmen. Meditation ist ja, wenn sie recht geübt wird, eine Urgebärde des Vertrauens, in der das Mißtrauen stirbt (nicht: umgebracht wird!). Ehrgeizig-ängstliches Machen-wollen ist, wie jeder Geübte weiß, nicht der Sinn der Meditation, sondern ihr Todfeind. Regelmäßiges *Üben* hat darum etwas zu tun mit dem, was M. Luther im Kleinen Katechismus sagt (4. Hauptstück): „... daß der alte Adam in uns durch tägliche Reue und Buße soll ersäufet werden und sterben mit allen Sünden und bösen Lüsten; und wiederum täglich herauskommen und auferstehen ein neuer Mensch, der in Gerechtigkeit und Reinigkeit vor Gott ewiglich lebe."

Reinhard Deichgräber

7. Sonntag nach Trinitatis

*Apostelgeschichte 2,41 a.42–47**

I

Das Danklied Ps 107 schlägt den Ton des Sonntags an: Der Herr ist freundlich, seine Güte währt ewig. Er hört das Schreien seiner Menschenkinder und errettet aus aller inneren und äußeren Not. Es lohnt sich, bei der Arbeit am Gottesdienst das Lied zu lesen und als cantus firmus festzuhalten. Das Evangelium von der Speisung der 5000 (Joh 6) stellt wieder den Herrn in die Mitte, in dessen Händen und unter dessen Dank Brot und Fisch für alle reichen (V. 11). Schenken und mitteilen ist zuerst Gottes Wesen, sowie sättigen, helfen, heilen und retten sein Tun.

Der Wochenspruch richtet, von Evangelium, Epistel und alttestamentlicher Lesung (2. Mose 16: Gott speist das murrende Volk mit Manna) herkommend, den Blick auf die neue Existenz

* OLM: (V. 42–47) 2. Sonntag der Osterzeit (A)

der Christen: Mitbürger, Heilige, Hausgenossen (Eph 2,19). Alle Texte künden: Gott macht den ganzen Menschen heil, gesund und neu. Die Trennung von leiblicher und seelischer, profaner und sakraler, diakonischer und sakramentaler Zuwendung kennen sie nicht. Darum sollte EKG 233,1.3.5–7 („Sei Lob und Ehr dem höchsten Gut") neben 161, 218 (und aus 100, 106, 107) gesungen werden. „Gib uns Kraft und Lebenssaft, laß uns deine teuren Gaben zur Genüge laben." Im „Gotteslob" auf jeden Fall 620, auch 640 (644, 242).

II

Das erste Summarium der Apg, von Lk aus Traditionsgut formuliert, unterbricht den Gang der Handlung, stellt fest, was Gottes Geist und die apostolische Predigt hervorbringen – eine ganz neue Gemeinschaft: Menschen, die sich zur Buße rufen und zur Taufe einladen lassen. Sie steht in der jüdischen Tradition – im Tempel, im täglichen Gebet, im Lobopfer – und überschreitet sie doch in Zeichen und Wundern, im Brotbrechen und in der *Gütergemeinschaft*. Die Umwelt reagiert mit Furcht (43) und Wohlwollen (47).

Das ganzer Kapitel ist in drei Abschnitte gegliedert, die zusammengehören: Das Pfingstwunder, die Pfingstpredigt, die neue Gemeinde. Die Predigtperikope führt diese Gliederung fort: Die Gemeinde hat im Gottesdienst ihre Mitte, gibt jedem, was er zum Leben nötig hat, lädt zum Glauben ein. Eingerahmt ist dieses Bild von zwei wichtigen Aussagen: Der Weg in die Gemeinde führt über Buße und Taufe (41 a); der Herr läßt die Gemeinde wachsen (47 b).

Wo Hilfsmittel zur Hand sind, sollte man den Begriffen, die Lk hier zur Charakterisierung der Gemeinde wählt, nachgehen:

42: proskarterein = ausdauern, festhalten, beständig bei der Sache bleiben. Bei welcher? Bei der Apostellehre, der Gemeinschaft Koinonia, dem Brotbrechen (als gemeinsamer Abendmahlszeit und als Abendmahl), den Gebeten. Stählin sieht in den vier Merkmalen Grundelemente des christlichen Gottesdienstes. koinonia = Teilhabe an Christus, seinem Leben, Sterben und Auferstehen und Gemeinschaft der Glaubenden; Tischgemeinschaft und Abendmahlsgemeinschaft; Gebetsgemeinschaft und Gütergemeinschaft. koinonia ist also ein Ausdruck dafür, daß ein Mensch und eine Gemeinschaft an allem, was Christus ist, Anteil hat, und mit allem, was sie ist und hat, ihm zur Verfügung steht.

43. terata kai semeia = Zeichen und „Vollmachtswunder" (Rengstorf), die Jesu machtvolle, hilfreiche Gegenwart in der Gemeinde beglaubigen und sie in die eschatologische Heilsgeschichte Gottes mit seinem Volk und seiner Welt hineinstellen, in die ja auch die Geistausgießung gehört (V. 17ff).

46: afhelotes kardias = selbstverständliche Herzlichkeit. Nicht bei besonderen Anlässen, sondern „in der Normalität des Lebens ... ereignet und gestaltet sich Glaube und Kirche" (Ruhbach, in: GPM 30, 1975/76, 419).

Lk will hier und in anderen Summarien (4,32–37; 5,12–16) kein Idealbild von *Kirche* malen, keine Maßstäbe setzen, kein Programm entfalten. Das mißverstehen Prediger und Predigthilfen, die mit dem Ruf: „Das ist nicht meine Gemeinde" beginnen. Er will vielmehr Leser und Prediger zum Glauben einladen, will sie ermutigen, „unbefangen und unverdrossen mit dem zu rechnen, ... was zwar bei den Menschen unmöglich aber doch bei Gott möglich ist" (H.J. Held, in: PGM 40, 1985/86, 367). Angeleitet durch den Text sollen beide Spuren des Wirkens Gottes in ihrer konkreten Gemeinde entdecken, Talente, Kräfte, Fähigkeiten, die schon am Werk sind oder die darauf warten, geweckt und in den Dienst gerufen zu werden zum Lob Gottes.

III

Man hat unseren Text eine Ikone genannt. Das ist er auch. Ein Bild zum Anschauen und Meditieren von *Kirche* und ihrem Grundbaustein *Gemeinde.* Wir sind gewohnt, Kirche als Pyramide zu sehen, denken an ihre hierarchische Gliederung, erinnern uns vielleicht an ein Tympanon über dem Portal mittelalterlicher Dome. Dieses Bild hier ist ganz anders: Um eine Mitte herum sind kleine Szenen gemalt. Viel Leben und Bewegung herrscht da. Es wird gepredigt und gelehrt, verkauft und ausgeteilt, gegessen und getrunken, gesungen und gebetet. Die dunklen Töne fehlen nicht: Furcht antwortet auf die Wunder und Zeichen, die die Gegenwart des Herrn und das Kommen seines Reiches ankündigen. Aber alle Bilder erhalten ihre Wirkung durch den Goldgrund von Freude, Lob und Dank. Beim ersten Anblick kommen Zweifel auf: Ist das Kirche? Menschen sind bei alltäglichen Beschäftigungen, einander zugewandt, miteinander am Werk. In der bunten Menge fehlen die Insignien von Besitz und Macht. Jeder hat, was er braucht. Die Tore des Tempels, die Türen und Fenster der Häuser sind offen. Nach außen fehlt jede Begrenzung. Da kommen Menschen vom Rand, offenbar angelockt durch die ansteckende, festliche Freude, und werden eingeladen zu Umkehr und Taufe. Das Zentrum des Bildes strahlt Ruhe aus. Der gekreuzigte Herr ist die Mitte der Gemeinschaft, der tragende Grund ihres Lebens, die Quelle ihrer Freude, Born ihrer Erneuerung. Von ihm her und auf ihn hin ist alles sinnvoll geordnet.

Also doch: Zu schön, um wahr zu sein? Sehen wir das Bild einer durchschnittlich frommen, überdurchschnittlich armen Gemeinde in der Lüneburger Heide um 1850. Seit einigen Jahren hat sich ihr äußeres Erscheinungsbild radikal verändert. Der Sonntag mit seinen *Gottesdiensten* am Vor- und Nachmittag ist festlicher Mittelpunkt des Gemeinschaftslebens geworden. Hier empfängt die Gemeinde in der Predigt biblische Kost, klare Weisung, verläßlichen Trost. Sünde wird beim Namen genannt, Sündern der Weg zur Freude der Buße gewiesen. Feinde versöhnen sich. Streit wird begraben. Friede kehrt in Herzen und Häuser ein. Gastwirte und Dorfgendarm verlieren ihre Kunden. Dann erwacht die Gemeinde zu ihrer Verantwortung für Gottes Weltmission, bildet Boten aus, sendet Missionare in vier Erdteile und bringt die dafür nötigen Mittel auf, ohne daß ihr Pastor je einen anderen als den Herrn der *Mission* um Geld gebeten hat. Eine Gemeinde beginnt in Gottes Namen ein Werk, dessen Tragweite, Risiken und Folgen sie nicht einmal ahnt, weil sie davon überzeugt ist: Gott will, daß allen Menschen geholfen wird. Und wir Nachgeborenen, Erben des Segens und der Lasten der Geschichte, fragen: Wie hat der Dorfpastor Louis Harms das nur geschafft? Und wir entdecken: Durch schriftgemäße Predigt, treue Seelsorge, anhaltendes Gebet und das grenzenlose Vertrauen darauf, daß Gott zu den Aufgaben auch die Menschen, Kräfte und Mittel gibt und seinen großen Taten am liebsten mit kleinen Leuten vollbringt.

140 Jahre später fragen Kirchen, die, aus der Erweckung und Mission hervorgegangen, nun Partner oder, besser gesagt, Glieder des gleichen Leibes und Mitarbeiter in Gottes Mission sind: Wie predigt ihr diesen Text? Was sagt ihr zur *Gütergemeinschaft* der Jerusalemer Urgemeinde, und was sagt sie euch? „Für christliche Gemeinde ist die Existenz von bedürftigen Gliedern am gleichen Leibe Ärgernis und Herausforderung. Nicht die Gütergemeinschaft als solche, sondern die Tatsache, daß es keine Bedürftigen gab, ist das Ruhmesblatt der Urgemeinde" (Brakemeier, in: Ev. luth. Kirche 222). Können und dürfen sich Christen bei großem privaten Reichtum in unserem Land mit Arbeitslosigkeit und Armut in anderen Teilen der Welt abfinden? Sie dürfen es nicht, denn das widerspricht Gott, der will, daß die Menschen ihm danken für seine Güte (Ps 107,9). Darum gehören der Hunger in der Welt, seine Ursachen und Folgen in Meditation und Predigt dieses Textes. Darum muß über konkrete Formen der *Liebe* zu Nahen und Fernen, über Fasten und Teilen, Gaben und Opfer und einen christusgemäßen Lebensstil nachgedacht und gesprochen werden. Das wird nicht einfach sein, denn an wenigen Stellen reagiert ein Christ bei uns empfindlicher als bei der Frage nach seinem Umgang mit dem Geld. Weil aber daran Glaube sich bewähren oder scheitern kann, dürfen wir es nicht unterschlagen und müssen Widerspruch in Kauf nehmen. Allerdings ist es hier unerläßlich, die Predigt ehrlich und kritisch bei sich selbst zu beginnen. Was habe ich, das ich nicht empfangen habe? Wieviel vom Überfluß darf ich behalten? Ist das klargestellt, kann ich fröhlich predigen – kein Gesetz, sondern Konsequenzen des Evangeliums. Denn Evangelium, Glaube und Gemeinschaft mit Christus sind folgenreich bis hinein in unseren Umgang mit Zeit und Geld. Andere sehen das und vernehmen die „Lebenspredigt".

Literatur:

Gottfried Brakemeier, in: Ev. luth. Kirche in Brasilien. Nachfolge Jesu, Wege der Befreiung, Mettlingen 1989.

Ders.: Der „Sozialismus" der Urchristenheit. Experiment und neue Herausforderung. Kleine Vandenhoeck-Reihe 1535, Göttingen 1988.

Reinhart Müller

8. Sonntag nach Trinitatis

*Epheser 5,8 b–14**

I

Dieser Sonntag ist – bedingt durch den Predigttext – ganz der Symbolik von Licht und Finsternis gewidmet. Es ist sinnvoll, diese Symbolik auch in der Liturgie und wenn möglich in der Ausstattung des Gottesdienstes zu berücksichtigen. Lesungstexte zum Stichwort Licht finden sich sehr leicht, geeignet wäre etwa Jes 49,1–6 (der Gottesknecht als das Licht der Heiden), der Johannesprolog Joh 1,1–18 (der Logos ist – als Lebendigkeit – das Licht, das jeden Menschen erleuchtet) und das Evangelium des Sonntags Mt 5,13–16. Als Psalmgebet könnte man etwa Ps 119,105–112 oder auch den Psalm 56 in Erwägung ziehen. Sie stimmen besser zum Thema als der Psalm des Sonntags (Ps 48).

In diesem Zusammenhang würde es sich anbieten, an verschiedenen Punkten des Gottesdienstes den gleichlautenden Kanon („Sende dein Licht und deine Wahrheit") singen zu lassen, eventuell auch als Schlußlied nach dem Segen. Dadurch würde das Eingangswort als Motto unterstrichen. Der Predigttext könnte leicht eine Dynamik in Richtung Gesetzlichkeit entstehen lassen, die noch dadurch verstärkt wird, daß die gegenwärtige kirchliche und nicht-kirchliche Kultur einen starken Hang zur Gesetzlichkeit hat. Das Reden vom Licht könnte zu einer bloßen Aufforderung an die Hörer verkommen, durch ihr lichtvolles Tun das Licht selbst zu verwirklichen. Die Liturgie dieses Gottesdienstes hat in diesem Zusammenhang die Aufgabe, die Dynamik der Gesetzlichkeit zu brechen und das Augenmerk auf die Wohltaten des fremden Lichts zu richten. Der Gottesdienst stellt den Menschen in ein Licht, das er selbst gar nicht verwirklichen kann, weil es schon Wirklichkeit ist.

* OLM: (V. 8–14) 4. Fastensonntag (A)

II

Die vorliegende Perikope gehört zu einem größeren Abschnitt (V. 3–14) mit ethischer Ausrichtung. Thema ist zuerst der Lebenswandel innerhalb der Gemeinde samt der Konsequenz des eschatologischen Ausschlusses für die Täter des Bösen (V. 3–5), dann die Mahnung, auf Distanz zu gehen zu den leeren Worten der heidnischen Umgebung (V. 6f). Der dritte Unterabschnitt (V. 8–14) wendet sich dem prinzipiellen Gegensatz von Licht und Finsternis zu. V. 8 ist die entscheidende Nahtstelle: Hier wird eine prinzipielle Beziehung zwischen dem Sein der Christen und ihrem Lebenswandel aufgezeigt. Erinnert wird zunächst an die Differenz im Sein (V. 8a): Einst waren sie Finsternis, jetzt sind sie Licht. Auffällig ist diese Aussage namentlich im Vergleich zu solchen neutestamentlichen und außerneutestamentlichen Aussagen, die vom Sein im Licht (statt vom Sein des Lichts) oder in der Finsternis sprechen (zum Beispiel 1. Thess 5,5: Kinder des Lichts, zur Nacht gehören). Offenbar wird an unserer Stelle das Bestimmtsein durch das Licht so intensiv gedacht, daß es in die Qualitätsaussage des Lichtseins übergeht.

Auf die Erinnerung an das neue Sein folgt die Aufforderung, diesem neuen Sein im Lebenswandel zu entsprechen. Diese Zuordnung von Sein und Lebenswandel ist auch aus Gal 5,25 bekannt. Sie wird in der theologischen Literatur durch die Begriffe *Indikativ* (Sein) und *Imperativ* (Lebenswandel) beschrieben: Das neue Sein beansprucht die Menschen auf ein neues Tun hin; der Imperativ ergibt sich aus dem Indikativ. Die sachliche Berechtigung dieses Begriffspaars ergibt sich daraus, daß neutestamentlich in der Tat kein neues Sein denkbar ist, das nicht Folgen für den Lebenswandel hätte.

Seine Problematik liegt darin, daß die Zuordnung von Indikativ und Imperativ leicht dazu führen kann, den Gehorsam gegenüber dem Imperativ zu einer Art Tatbeweis für den Indikativ zu erklären. Die Wirklichkeit des neuen Seins würde in diesem Falle nur durch das neue Tun gewährleistet. Und damit hat das neue Sein die ihm eigene Wirklichkeit bereits verloren. Wie schwierig das Begriffspaar von Indikativ und Imperativ ist, erkennt man auch daran, daß die Zuordnung von Gabe und Aufgabe dazu verleiten könnte, jede Gabe nur noch als Aufgabe zu verstehen. Und damit wären unendlich viele Gaben mißverstanden.

III

Finsternis läßt das farbige Leben verschwinden. Wer durch sie so bestimmt ist, daß er selbst finster wird, verdunkelt die Farben des Lebens. Von Dunkelheit bestimmt, sieht er nichts als Finsternis, und verbreitet mit seinem ganzen Sein eben diese Dunkelheit, die keinen Trost und keine Hilfe erkennen läßt, weil sie alles in ihren Bann zieht. *Licht* bringt die Farben der Lebendigkeit zum Leuchten. Wer im Licht lebt, wird selbst zum Leuchten gebracht. Sein Dasein ist selbst ein Licht in der Welt geworden. Das Licht leuchtet in der Finsternis, die Finsternis ist verdunkeltes, vernichtetes Licht. So lebt die Finsternis vom Licht, indem sie es aufzehrt. Licht und Finsternis sind asymmetrisch aufeinander bezogen.

Nun seid ihr Licht im Herrn. Im Raum, wo das Licht des Herrn leuchtet, werden Menschen selbst zu dessen Widerschein. Der Herr gibt den Grund ab zum leuchtenden Dasein. Nicht zufällig fehlt ein solcher Grund beim finsteren Leben: Finsternis ist – so unbestreitbar ihre Wirklichkeit sein mag – ein absolutes Rätsel. Angesichts des schöpferischen Lichts gibt es schlechterdings keinen Grund für das Dasein der destruktiven Finsternis. Ihre Existenz ist so unbegreiflich wie die Existenz der Sünde. Wer Licht ist, soll seinen Lebenswandel als Kind des Lichts führen. Ein Kind des Lichts ist, wer sich vom Licht bestimmen läßt, wer vom Licht lebt. Vom Licht lebt, wer im Licht lebt. Bestimmend ist das Licht nicht durch Macht und Herrschaft, bestimmend ist das Licht dadurch, daß es mich und mein Leben in seinen hellen Schein stellt.

Weil das Licht nicht in der Gestalt des fordernden Gesetzes, sondern des schöpferischen Evangeliums wirklich ist, trägt es *Früchte*. Was das Licht entstehen läßt, wenn man es scheinen läßt, wird dreifach angegeben. Das Licht läßt Güte entstehen, Zuwendung zum Guten. Wenn das Licht auf das *Gute* fällt, wird dieses so attraktiv, daß der Mensch sich ihm zuwendet. Das

Licht läßt Gerechtigkeit entstehen, Entsprechung zu dem Anspruch, den die Gaben des Schöpfers in sich tragen. Wenn das Gegebene ins Licht des Christus tritt, sieht der Mensch die Würde des Geschaffenen und wird angeleitet, es entsprechend zu würdigen.

Das Licht läßt Wahrheit entstehen, Wahrhaftigkeit und Treue zum Tragenden. Wenn Licht ins Leben fällt, beginnt das Wahre zu leuchten, während das Verlogene in Finsternis versinkt. Der Mensch wird abgewendet vom Verlogenen und hingezogen zum Wahren. Der neue Lebenswandel vollzieht sich in der Weise, daß kritisch geurteilt wird: Was gefällt dem Herrn? Was paßt zu Jesus? Die alten Fragen werden abgelöst: Was paßt zu mir? Was bin ich mir selbst schuldig? Wie kann ich meine Interessen durchsetzen? Die alten Fragen werden durchkreuzt durch das sorgfältige Nachdenken über das, was zum Christus und insofern zum wahren Leben selbst paßt. So gewinnt der Glaube Orientierung am Christus. So wird Theologie *Lebenskunde*. Sorgfältiges Nachdenken über das, was zum leuchtenden Herrn paßt, ist die Aufgabe der Glaubenden, nicht aufgeregtes Aburteilen, nicht blind-wütendes Stellungnehmen gegen wirkliche und vermeintliche Mächte der Finsternis.

Das Destruktive kann man nicht bekämpfen, von ihm kann man nur Abstand nehmen. „Pflegt keine Gemeinschaft mit den fruchtlosen Werken der Finsternis." Finsternis ist die Vernichtung des Lichts. Werke der Finsternis sind destruktiv wie diese selbst. Fruchtlos sind sie, weil sie zwar große Folgen, aber keinen Ertrag haben. Wer hätte die Kraft, auf Distanz zu gehen zum fruchtlosen Destruieren? Wer kennt das wahre Gesicht des Destruktiven? Es legt sich ja immer nahe, weil es – solange Finsternis herrscht – mehr Lebendigkeit verspricht.

Wenn das Licht scheint, gibt es eine Alternative: Aufdecken, die Wahrheit über die Dinge sagen. Deshalb der Aufruf: Verpflichtet euch vielmehr dem Aufdecken! Ein Aufruf, dem scheinbar millionenfach Gefolgschaft geleistet wird, in und außerhalb der Kirche. Doch erstens erscheint Wahrheit nicht schon dort, wo aufgedeckt wird. Vielmehr kommt alles darauf an, in welchem Licht das Aufgedeckte erscheint. Wenn es ins Licht des Christus tritt, wird das Aufgedeckte, so sinnlos es sein mag, seinerseits zum Licht, das anderen leuchtet. Und zweitens geht es hier darum, aufzudecken in der Gestalt des eigenen Tuns. Wer im eigenen Tun auf Distanz zu den folgenschweren Werken der Finsternis geht, gerade auch zu Dingen, die durchaus salonfähig sind, den kostet es unendlich viel mehr als die ebenso leichtfertige wie leichthändige Aufdeckung, der sich viele Zeitgenossen verschrieben haben. Da ist gewiß ein missionarischer Aspekt dabei. Doch ein Kind des Lichts wirkt dadurch, daß es Licht ist, daß es Licht gibt, nicht dadurch, daß es die Finsternis ihres Finsterseins bezichtigt. Überzeugend ist das, was erhellt, nicht das Benennen und Definieren dessen, was Finsternis sei.

Ein Weckruf – vielleicht aus fremder Quelle – wird zitiert. Auch fremde Quellen, auch andere *Religionen* können Lichtspender sein, denn auch in dem, was sie Erleuchtendes entdekken, lebt der Christus, das Licht selbst. Verhaftung in die Finsternis gleicht dem Schlaf, nicht dem ruhigen Schlaf, der zu neuem Leben erquickt, sondern dem bewußtlosen Schlaf, dem selbstvergessenes Leben gleich ist. Aufgeweckt werden aus diesem Schlaf ist so etwas wie eine zeitliche Gestalt der endzeitlichen Auferweckung von den Toten. Wer die Augen aufmacht, sieht den aufstrahlenden Christus. Wer hätte die Kraft, die Augen selbstmächtig aufzuschlagen? Ist es nicht vielmehr der Strahl des neuen Lichts, der die Schlafenden weckt? Vielleicht ist dieser Weckruf auch ein Strahl jenes Lichts, das die Selbstvergessenen aufwachen läßt.

Hans Weder

9. Sonntag nach Trinitatis

*Philipper 3,7–11 (12–14)**

I

Sonntag der Investitionen – so könnte man, etwas salopp, diesen Sonntag überschreiben; und es ist eigentlich ein Wunder, daß das Bankgewerbe diesen Tag noch nicht für sich entdeckt hat. Das Evangelium Mt 25,14–30 erzählt die harte Geschichte von dem harten Banker, der seine Angestellten nach dem Maß ihrer Investitionsbereitschaft und des dabei erwirtschafteten Gewinns beurteilt und belohnt; eine ganz und gar weltliche Geschichte, in der nicht einmal in Andeutungen – es sei denn in V. 30 – ein geistlicher Sinn durchscheint:

wer wenig investiert
macht kaum profit
nur dem der ranklotzt
gelingt der große schnitt

Natürlich enthüllt die Geschichte im Munde Jesu einen zweiten, tieferen Sinn: Das Reich Gottes, so will er wohl sagen, gewinnt nur der, der bereit ist, das ganze ihm von Gott gegebene Leben dafür einzusetzen. Dennoch: Ich verhehle nicht, daß der Ein-Zentner-Knecht mit seiner bitteren Rede (V. 24 f) meine Sympathie besitzt. Den Wochenspruch aus Lk 12,48 empfinde ich ein wenig als Korrektiv; hebt er doch nicht so sehr das vorprogrammierte Versagen des Minderbemittelten, als vielmehr die besondere Verantwortung des Begabten, Begnadeten hervor: Wem viel gegeben ist, bei dem wird man viel suchen…

Von einer Kapitalanlage anderer Art – nämlich von dem, was Gott in den jungen Jeremia investiert – berichtet die alttestamentliche Lesung Jer 1,4–10. Sehr risikofreudig klingt die Antwort Jeremias nicht: Ach, Herr, ich tauge nicht zu predigen…

* OLM: (V. 8–14) 5. Fastensonntag (C)

(V. 6). Das höre ich fast als eine Art Gegentext zum harten Evangelium; und es tröstet mich, daß Gott dem ängstlichen Propheten reichlich Worte in den Mund legt – ein Kapital, mit dem er wirtschaften kann (V. 9). Der Wochenpsalm 40,9–12 klingt, als käme er von einem selbstbewußteren, glaubensstarken Jeremia, wie ihn sich der fromme Leser wünscht: Siehe, ich will mir meinen Mund nicht stopfen lassen... (V. 10). Das Wochenlied EKG 384 („Ich weiß, mein Gott, daß all mein Tun") hofft auf die Beteiligung Gottes an den Investitionen „in Arbeit und Beruf": „Ist's Werk von dir, so hilf zu Glück" (Str. 8).

II

Von einer Transaktion eigener Art, von Gewinn und Verlust, handelt auch die Epistel Phil 3,7–11 (12–14). Paulus, so könnte man sagen, bewertet sein Vermögen neu; seinen gesamten religiösen und sozialen Besitzstand, ererbt oder erworben, schreibt er als Verlust ab, um auf der Haben-Seite einen unvergleichbar größeren Gewinn verbuchen zu können. Natürlich hinkt das Bild – wie alle Bilder, die versuchen, Geheimnisse des Glaubens einzufangen; aber daß Paulus hier in gleichsam kaufmännischen Kategorien von seiner christlichen Existenz redet, macht ein Blick in den griechischen Text deutlich (Mt 25,16f.20.22 steht übrigens das gleiche Verb für gewinnen, kerdainein).

Der Text ist aller Wahrscheinlichkeit nach Teil „eines ehemals selbständigen Briefes an die Philipper, eines „Kampfschreibens", das sich „die Bekämpfung der in Philippi aufgetretenen Häretiker" zum Ziel gesetzt hat (Gnilka, 184f). Aus den Vorzügen, die Paulus für sich reklamiert (V. 5 f) – um sie dann sogleich um Christi willen für „Dreck" zu erklären (V. 8) –, läßt sich auf den theologischen Habitus dieser Irrlehrer schließen: Ihre Botschaft enthält offenbar nicht nur judaisierende Elemente, sondern zeichnet sich auch durch ein „Vollkommenheitsdenken" aus, „das schon jetzt das eschatologische Heilsziel erreicht zu haben meint" (Barth, EPM, 245); genau hiermit setzt sich nämlich der Abschnitt V. 12–16 auseinander.

Zuvor geht es um zwei miteinander konkurrierende Weisen,

die eigene Existenz zu begründen, dem Leben Sinn und Zukunft zu geben: Vertrauen auf das „Fleisch" (V. 4) – also auf das, „was man aufweisen kann an Vorzügen und Leistungen" (Barth, Der Brief an die Philipper, 58) – steht gegen die „Erkenntnis Christi Jesu" (V. 8); Gerechtigkeit, die sich auf die Erfüllung des Gesetzes beruft, steht gegen die Gerechtigkeit, die aus dem Glauben an Jesus Christus kommt, die dem Glaubenden von Gott zugerechnet wird (V. 9). Dabei wird die „Erkenntnis Christi" mittels einer Kategorie gefüllt und entfaltet, die möglicherweise hellenistischem Denken entstammt: „Christus gewinnen" (V. 8) bedeutet die „Teilhabe an seinem Geschick, das Mitsterben und Mitauferstehen mit ihm, das Bestimmtsein und Geprägtwerden durch seinen Tod und seine Auferstehung" (V. 10f; vgl. auch Röm 6,1-11; Gal 2,19f; Barth, EPM, 247).

III

Wenn ich zurückblicke, so wundere ich mich, welche Dinge, Vorstellungen, Beziehungen, Wünsche, Ziele für mich zu Zeiten von höchster *Wichtigkeit* waren: Die Bücher zum Beispiel, die ich als Kind besaß und las. Die Briefmarkensammlung, die mir von meinem Vater überkommen war. Eine Freundschaft, ohne die ich nicht leben zu können meinte. Später dann: Reisen über die Grenze, Beziehungen zu Menschen im anderen Land, in anderen Ländern. Eine bestimmte Vorstellung von meinem Beruf und von der Weise, ihn zu leben. Die Gunst von Vorgesetzten und Kollegen. Akademische Erfolge. Akkumulation von Veröffentlichungen. Und wieder: Bücher. Auch ein genaues Bild der Kirche und ihres Gottesdienstes. Und damit verbundene Leidenschaften...

Heute, im Rückblick, kann ich manches kaum mehr begreifen. Emotionalen Zugang zu den meisten Wichtigkeiten von damals finde ich nur noch selten. Ich merke, wie ich mir selber fremd geworden bin. Das macht mich mißtrauisch gegen alle Wichtigkeiten von heute. Mehr Gelassenheit – ja, das wäre gut. Vielleicht bin ich aber auch nur einfach – leerer geworden.

Paulus reflektiert im Kampf-Brief nach Philippi die Wichtigkeiten seines Lebens. Die sind freilich von anderer Art als meine;

elementarer, scheint mir, bleibender. Die Beschneidung, – die Herkunft aus dem Volk Israel, dem Stamm Benjamin, – die Zugehörigkeit zu den Pharisäern. Und: Erfüller des Gesetzes, Verfolger der Gemeinde – aus Leidenschaft. All das nun: Fleisch, Schaden, Verlust, Dreck – im Vergleich mit der Wichtigkeit von heute, der einzigen, der wahren: *Erkenntnis* Christi. Da ist nichts von Leere: Von dieser einen Wichtigkeit ist das Leben des Paulus erfüllt – bis zum Rand und darüber hinaus. Da ist auch nichts von gelassener Resignation. Eher schon von Mißtrauen; Mißtrauen gegenüber den Hunden (V. 2), die den Christen in Philippi ihre Wichtigkeiten einreden wollen: Nehmt euch in acht vor der Zerschneidung! Bissiger geht's nicht.

Ich versuche zu verstehen. Was bin ich ohne meine Herkunft? Ohne meine Vorfahren und das, was mir von ihnen überkommen ist? Ohne mein Wissen, meine Überzeugungen, meine Leidenschaften? Ohne meine Taten – die von gestern, die von heute? Ohne die Gunst anderer, ohne das Bild, das sie von mir haben? Ich sehe lauter Bruchstücke, die zusammengesetzt das bilden, was ich bin: Mein Leben. Doch was bin ich?

Paulus bleibt Israelit – selbstverständlich. Benjaminit, Hebräer von Hebräern, Pharisäer; und wie er die Gemeinde verfolgt hat, so folgt ihm sein Leben. Doch den Versuch, aus solchen Bruchstücken ein *Leben* zusammenzubauen, es auf solchen Bruchstücken zu begründen, nennt er nun: Gerechtigkeit, die aus dem Gesetz kommt (V. 9). Er findet seine Gerechtigkeit – vielleicht sollte man wirklich sagen: sein Leben – außerhalb dieses bruchstückhaften Zusammenhangs, jenseits aller verzweifelt-vergeblichen Versuche, aus den selbstgefertigten Teilen ein Ganzes zu bilden. Er findet sich selbst in der Teilhabe an einem fremden Geschick, im Gewinn eines neuen Namens: In der Gerechtigkeit, die durch den Glauben an Christus kommt.

Ich wage einen ketzerischen Gedanken: Wer dies als Gesinnung mißversteht, als Glaubenswissen, faßbar in Glaubenssätzen, der irrt. Nicht die Formel ist entscheidend, nicht das Bekenntnis: Ich erachte alles für Schaden... Sondern die *Erfahrung* – besser vielleicht: die Entdecktung –, leibhaftig an einem anderen Leben teilzuhaben, das die eigenen Lebens-Bruchstükke in seine Ganzheit aufnimmt, sie beieinanderhält, sie durch

Vergeblichkeit, Leiden und Tod hindurch in seine Auferstehung, seine Zukunft rettet.

Rückblick: Da sind die vergangenen und gegenwärtigen Wichtigkeiten meines Lebens; und da ist die Leere, die sie mit der Zeit hinterlassen. Daß mein Leben trotz solcher Leere noch nicht auseinandergebrochen, noch nicht in sich zusammengestürzt ist, kann ich kaum begreifen. Ich ahne, mehr als ich es glaube und weiß, daß mich hier ein anderes Leben, ein anderes Sterben trägt, mich ergriffen hat, ohne daß ich es begriffen habe (V. 12f). So darf ich vergessen und verschenken, was dahinten ist, und mich nach dem strecken, was kommt (V. 13). Meine Herkunft darf ich verschenken; die Mitgift, die ich mit auf den Weg bekam; meine verzweifelten Versuche, etwas daraus zu machen; alle Grenzen und die Versuche, sie zu durchbrechen. Hineingenommen, eingetaucht in ein fremdes, ganzes Leben, empfange ich einen neuen Namen, eine andere Herkunft, einen besseren Ruf, einen festeren Stand (V. 14; klesis) und ein größeres Erbe... Welch ein Handel!

Literatur:
G. Barth, 9. Sonntag nach Trinitatis, in: Evangelische Predigtmeditationen (EPM) 1979/80, II, 245–248.

Karl-Heinrich Bieritz

10. Sonntag nach Trinitatis

*Römer 11,25–32**

I

Der zehnte Sonntag nach Trinitatis ist dem Gedächtnis der Zerstörung Jerusalems und dem Verhältnis der Kirche zum Alten Bund gewidmet. Als Introitus wird der Wochenpsalm 33 vorgeschlagen, als Graduallied das Wochenlied „Nimm von uns, Herr, du treuer Gott“ (EKG 119). Die alttestamentliche Lesung berichtet von der Zerstörung des Tempels durch die Babylonier (2. Kön 25,8–11); die Epistel befaßt sich mit der paulinischen Sicht der Erwählung Israels (Röm 11,25–32) und ist Predigttext; das Evangelium erzählt von den Tränen Jesu angesichts der Stadt Jerusalem (Lk 19,41–48).

In der Geschichte Israels und des Judentums gab es eine Zeit der staatlichen Selbständigkeit. Aber viel länger dauerten die Zeiten der Wanderungen, der Exile, der Vertreibungen und der Heimatlosigkeit. Nach dem Ende der Christenverfolgungen durch die Römer war das christlich-jüdische Verhältnis im Abendland Jahrhunderte hindurch immer wieder durch Diskriminierung, Unterdrückung und Pogrome und – nach der Judenemanzipation – durch den Rassismus geprägt. Nichts hat aber die Beziehungen schwerer erschüttert und den Christenglauben fragwürdiger gemacht als der mörderische Holocaust in der Zeit des Dritten Reiches, dem sechs Millionen Juden zum Opfer fielen. Umso erstaunlicher ist, daß das christlich-jüdische Gespräch eine früher kaum denkbare Tiefe gewonnen hat. Besonnene Juden sehen in Jesus einen der Ihrigen, ihren „Bruder“, und nachdenkliche Christen erkennen die gemeinsame Wurzel der Synagoge und der Kirche in der Geschichte Israels und in den heiligen Schriften und Traditionen, ohne deren Kenntnis auch die Botschaft Jesu vom Reich Gottes nicht verständlich ist.

* OLM: (V. 13–15.29–32) 20. Sonntag im Jahreskreis (A)

Dennoch gibt es Probleme: Besonders in Deutschland sind Christen von der Scham nach Auschwitz umgetrieben und fragen nach einer Kirche und Synagoge gemeinsamen Hoffnung; aber es bestehen auch noch ältere Vorstellungen von der Judenmission fort. Die Synagoge ihrerseits hat kein fundamentales Interesse an der Kirche. Angesichts des Zustandes der Welt kann sie nicht akzeptieren, daß der Christus der Kirche der Messias der Welt ist. Außerdem haben die Juden mit der Gründung eines eigenen Staates nicht nur eine alte religiöse Hoffnung verwirklicht, sondern Israel hat seine Identität auch aufgrund der neuzeitlichen, nationalistischen Ideen der zionistischen Bewegung gefunden. Die frühere Gemeinschaft von Juden, Christen und Moslems in Palästina ist durch die jüdische Einwanderung und die Siedlungspolitik Israels gestört.

Angesichts dieser Situation muß ein Gottesdienst am „Israel-Sonntag" Sensibilität für die Probleme wecken, Vorurteile abbauen und zum Handeln für eine gemeinsame Zukunft der Völker und Religionen ermutigen.

II

Paulus geht davon aus, daß nichts Verdammliches an denen ist, die in Jesus Christus sind (8,1), und daß nichts die Christen von der Liebe Gottes scheiden kann (8,38). Wie aber steht es mit dem Heil Israels, das doch Gott bereits an Sohnes Statt angenommen hat (Jes 43)? Der Grundgedanke von Kapitel 9 bis 11 des Briefes an die Römer ist, daß den Israeliten, aus welchen auch Christus kommt, die Kindschaft, die Herrlichkeit, der Bund, die Gesetze, der Gottesdienst und die Verheißungen gehören (9, 4f). Wenn Paulus darauf hinweist, daß Gott nicht mit sich reden läßt (9,20), dann führt er nur sein Verständnis von Gottes Gerechtigkeit – Gott macht gerecht – aus: Gott handelt nicht nach der Menschen Werk, sondern nach seinem Willen; er hat Pharao verstockt, und er hat Israel erwählt. Das ist seine Gnade.

Hat Gott Israel einst für die Welt erwählt, so hat er nun die Völker erwählt, damit Israel an ihnen seine Blindheit erkenne und selig werde (11,25f). Gottes Erwählung bleibt gültig

(11,27.29), auch wenn die Israeliten jetzt Feinde des Evangeliums sind (11,28). Wie die Völker früher unter dem Unglauben beschlossen waren, so sind es jetzt die Juden, damit Gott sich schließlich aller erbarme (11,30–32). Gottes Heilsweg führt durch den Unglauben zum Glauben. Paulus sieht Israels Scheitern am Evangelium als Exempel für die Angewiesenheit aller Menschen auf Gottes Erbarmen. Das Geheimnis des Glaubens besteht jedoch darin, daß auch Israel zum Heil berufen ist. Bemerkenswert ist, daß am Schluß des Kapitels beim hymnischen Lobpreis der unerforschlichen Wege Gottes eine christologische Aussage fehlt. Die Übermacht des Erbarmens „hat ihre Entsprechung im Überschwang des Hymnus" (G. Bornkamm, 70f): „Von Gott, durch ihn und zu ihm sind alle Dinge. Ihm sei Ehre in Ewigkeit" (11,35f).

III

Der Preußenkönig Friedrich II. war ein Freund Voltaires und teilte dessen Skepsis gegenüber der Religion; so soll er seinen Leibarzt einmal spöttisch gefragt haben: „Nenn' er mir einen Gottesbeweis, wenn er kann!" Dieser soll geantwortet haben: „Die Juden, Majestät!" Auch angesichts dieser trefflichen Anekdote fällt die Predigt nicht leicht. Denkt man an das vielfache Versagen der Kirche gegenüber den Juden, das sich durch die Jahrhunderte zieht, dann liegt das Schweigen näher als das Reden, aber das hieße möglicherweise, zum Verdrängen der Schuld beizutragen. Insbesondere die Evangelische Kirche in Deutschland war nach 1918 in ihrer konservativ-deutschnationalen Haltung dem völkischen Denken gegenüber so aufgeschlossen, daß sie sich nicht eindeutig gegen den Antisemitismus abgrenzen konnte, zumal in ihr selbst das alte dogmatische Vorurteil vom rastlos umherirrenden ewigen Juden tradiert wurde, der in seiner Heimatlosigkeit die Strafe Gottes wegen seiner Auflehnung gegen das Kreuz und den Messias erfahre (vgl. M. Elze).

Führende Männer der Bekennenden Kirche haben noch 1935 die Stellung des Staates zur „Judenfrage" bejaht und die nationalsozialistische deutsche Blut- und Bodenideologie unterstützt;

im selben Jahr erklärte der Direktor der Berliner Missionsgesellschaft, das jüdische Volk stehe unter Gottes besonderem Gericht und bringe den Völkern Verderben (vgl. E. Klee). Auch die römisch-katholische Kirche war bis in die Liturgie hinein antijüdisch, und eine grundlegende Änderung brachte erst das II. Vatikanische Konzil. In der Erklärung über das Verhältnis der Kirche zu den nichtchristlichen Religionen heißt es nach einem Hinweis auf Röm 2,28 f: „Mit den Propheten und mit demselben Apostel erwartet die Kirche den Tag, der nur Gott bekannt ist, an dem alle Völker mit einer Stimme den Herrn anrufen und ihm ‚einträchtig dienen' (Soph 3,9)" (Nostra aetate 4).

Der Widerstand einzelner Christen ist kein Alibi für das Versagen und die Mutlosigkeit der Kirche. Der Prediger wird dieses Problem ansprechen müssen, auch wenn jüngere Leute einwenden, sie hätten damit nichts zu tun. Ohne Erinnern gibt es kein Vergeben. Dazu kommt jedoch, daß der junge Staat Israel, der nicht identisch ist mit dem religiösen Begriff Israel, bei allem Verständnis für seinen Existenzkampf die Menschenrechte gelegentlich verletzt, so daß eine Verständigung zwischen Israelis und Palästinensern zunehmend erschwert wird. Die durch die Golfkrise eingetretene Frustration vermehrt noch die Unsicherheit. All das erleichtert dem Prediger das Reden nicht!

Um so mehr muß es jedoch Ziel der Predigt sein, der Gemeinde das Vertrauen des Apostels Paulus in die Geschichte des Heils Gottes mit allen Menschen nahezubringen. Das eigentliche Problem hat Franz Rosenzweig darin gesehen, „daß die Hoffnung des Paulus, daß am Ende Gott alles in allem sein werde, eine bloße theologische Phrase für die Kirche geblieben sei, daß sie nie als wichtiger Bestandteil in unsere Theologie aufgenommen worden" sei (n. P.M. van Buren, 211). Die Verwirklichung dieser Hoffnung besteht aber darin, das Geheimnis Gottes, seine liebende Erwählung, auch durch die Tat zu bekennen und diese Welt, wie auch ihre Geschichte aussehen mag, zu bejahen und zu gestalten. Das heißt, den Weg der Liebe zu gehen. Als Christen steht uns das Urteil über Heil und Unheil der Völker und Rassen nicht zu, es sei denn, wir richteten uns selbst. Uns steht aber zu, uns um Verständnis und um Verständigung zu bemühen und einander Zeit und Raum zum Leben zu geben. Vielleicht erleben wir dann, daß Menschen und Religionen einander näher kommen. Jerusalem als Stadt des Friedens wäre dann keine politische Utopie, sondern die Erfüllung einer prophetischen Vision.

Literatur:
G. Bornkamm, Das Ende des Gesetzes. Paulusstudien Band I. München 1961[2], 70f.
M. Elze, Antisemitismus in der Evangelischen Kirche, in: K. Müller/K. Wittstadt (Hg.), Geschichte und Kultur des Judentums. Eine Vorlesungsreihe an der Julius-Maximilians-Universität Würzburg, Würzburg 1988, 241–250 und die dort genannte Literatur.
E. Klee, Verfolgung als Mission. Die Bekennende Kirche akzeptierte Hitlers Rassenideologie, in: Die Zeit 1989, 46 v. 10. 11. 89, 98.
P. M. van Buren, Eine Theologie des christlich-jüdischen Diskurses. Darstellung der Aufgaben und Möglichkeiten, München 1988, 211.

Bernhard Maurer

11. Sonntag nach Trinitatis

*Epheser 2,4–10**

I

Der Wochenspruch zum 11. Sonntag nach Trinitatis bezieht sich auf das Evangelium vom Pharisäer und Zöllner: „Gott widersteht den Hoffärtigen, aber den Demütigen gibt er Gnade" (1. Petr 5,5). Der Demütige kann auf Vergebung der Sünde hoffen, ja er wird überreich von Gottes Barmherzigkeit beschenkt. Das wird im Tageslied besungen „Aus tiefer Not schrei ich zu dir" (EKG 195; GL 163). So groß die Sünde auch sein mag, die Gnade Gottes übertrifft bei weitem unsere Schuld. Aus dieser Gewißheit lebt der ganze Sonntag. Und in diesem Zusammenhang ist auch die Lesung aus Eph 2,4–10 zu sehen, in der das Wirken Gottes an uns, die wir Sünder waren, offenbar wird.

* OLM: 4. Fastensonntag (B)

II

Im ersten Kapitel hat der Epheserbrief das Lied von der Kirche gesungen, die Gott schon vor der Erschaffung der Welt erwählt und als sein Volk zusammengerufen hat. Das zweite Kapitel beschreibt, was Christus an den Gläubigen in der *Taufe* getan hat. Er hat sie der Macht der Finsternis entrissen und sie mit Christus in den Himmel versetzt. Es waren die Heiden, die Gott in Christus erwählt und zu einem neuen Menschengeschlecht geschaffen hat. Sie hatten fern von Gott in der Sünde gelebt. Doch jetzt hat sie Gott aus ihrer ehemaligen Seinsweise befreit und sie zu einem neuen Sein in Christus geführt (Schlier, Der Brief an die Epheser).

III

Infolge unserer Sünden waren wir tot. Das gilt nicht nur für unser Dasein vor der Taufe; das ist eine ständige Gefahr. Zwei Seinsweisen werden gegenübergestellt: Das Totsein durch die Sünde und das Lebendigwerden in und mit Christus. Warum sind wir durch die Sünde tot? Fühlen sich viele nicht gerade dann lebendig, wenn sie sich an keine kirchlichen Vorschriften zu halten brauchen? Wenn wir *Sünde* nur als Übertreten von Geboten verstehen, so führt sie sicher nicht zur Erfahrung des Totseins. Sünde ist hier etwas Fundamentaleres. Es ist die Schuld, in der der Mensch von sich selbst entfremdet und von seinem wahren Wesen abgeschnitten wird. *Schuld* meint vor allem Spaltung. Ich sehe etwas und tue es nicht. Ich spüre etwas und verdränge es wieder. Ich ahne die Wahrheit, aber ich verschließe die Augen davor. So wird in mir etwas gespalten. Ich fühle mich in zwei Teile zerrissen: In den Teil, der erkennt und erahnt, was meinem Wesen entspricht; und in den Teil, der verdrängt, abgespalten, ja letztlich abgetötet wir. Wer schuldig wird, der fühlt sich von der menschlichen Gemeinschaft ausgeschlossen, er fühlt sich isoliert. Er gehört nicht dazu. Weil er seine Schuld vor sich selbst verbirgt, muß er sie auch vor den Menschen verbergen, und so entsteht eine Mauer zwischen ihm und den andern, die er selbst nicht zu übersteigen vermag.

Doch die Schuld trennt uns nicht nur von den andern, sie ist auch eine Mauer zwischen Gott und uns. Nicht Gott hat diese Mauer errichtet, sondern wir selbst. In der Schuld unterdrücken wir unsere Beziehung zu Gott, da müssen wir unsere Gottesahnung tot trampeln, um gegen unser tiefstes Gespür zu handeln. Und so laufen wir in der Schuld vor Gott davon und verstecken uns wie Adam hinter den Büschen unseres schlechten Gewissens. Gott verbirgt sich nicht, er bleibt der barmherzige und liebende Vater. Aber wir verrennen uns in der Schuld so sehr in die Verstrickungen einer in sich gekrümmten Seele, daß wir es nicht mehr wagen, auf den barmherzigen Gott zu schauen. Und so erleben wir Gott als den Richter, als den, vor dem wir unsere Wahrheit offenbaren müßten. Doch das können wir nicht, weil wir sie vor uns selbst nicht zugeben können. Und so trennt uns die Schuld nicht nur von Gott, sondern auch von uns selbst. Wir werden in uns selbst gespalten, wir verlieren die Beziehung zu unserem innersten Kern, zu unserer eigentlichen Wahrheit, zu unserem Gewissen. Um überleben zu können, müssen wir unser Gewissen abtöten. Aber gerade so werden wir letztlich vom Leben selber abgeschnitten, wir sind wie tot. Und aus diesem Totsein können wir uns selbst nicht mehr befreien, wir sind so sehr gefangen in den Mechanismen unserer Schuld, in den Mechanismen von Verdrängung und Unterdrückung, daß wir aus eigener Kraft keinen Weg daraus finden.

In dieser Situation hat uns nun Gott, „der voll Erbarmen ist", „in seiner großen Liebe, mit der er uns geliebt hat, zusammen mit Christus wieder lebendig gemacht." Das wird in zwei Bildern weiter entfaltet. Gott hat uns mit Christus auferweckt. In der Taufe sind wir in der Gemeinschaft mit Christus aus dem Grab unserer Schuld und Angst herausgeführt worden, da haben wir Anteil bekommen an der Auferstehung Christi. Die Schuld, aus der wir uns selbst nicht befreien konnten, haben wir hinter uns gelassen, indem Christus selbst uns an der Hand nahm und aus dem Grab zum Leben führte. Die östlichen Kirchen haben das im Bild der Höllenfahrt Jesu dargestellt. Da sind wir mit unseren Füßen noch unter den Toten. Doch er nimmt uns an der Hand und zieht uns empor, damit wir am Licht und an der Herrlichkeit des Auferstandenen teilhaben. Nicht indem wir auf unsere Schuld starren, auch nicht indem wir uns selbst beschuldigen und in einer falsch verstandenen Reue ständig um unsere Schuld kreisen, werden wir frei, sondern indem wir uns von Christus an der Hand nehmen und Gott an uns handeln lassen. Der Epheserbrief verknüpft also das befreiende Handeln Gottes mit der Taufe. In der Taufe wurden wir mit Christus auferweckt, da sind wir befreit worden von der niederziehenden Macht der Schuld.

Das zweite Bild, in dem der Brief das liebende Handeln Gottes an uns beschreibt, bezieht sich auf unsern Platz im Himmel. Gott hat uns mit der Taufe in den Himmel versetzt. Wir sind nicht nur in Gemeinschaft mit Christus, sondern wir sind in ihm. Wir haben in ihm ein neues Sein. Unsere *Identität* haben wir nun nicht mehr von unserem weltlichen Sein, nicht mehr von den Eltern, nicht mehr von unserer eigenen Lebensgeschichte, nicht mehr von unserer Arbeit oder unsern Erfolgen, nicht mehr von unsern Beziehungen, sondern von Gott. Gott hat uns eine neue Identität in Christus geschenkt. Wir haben unser Sein, unsere Identität mit dem Sein in Christus vertauscht (Schlier). Und in Christus haben wir nun einen Platz im Himmel. Wir haben in Christus eine göttliche, eine himmlische Würde erhalten. Wir leben nicht mehr nur in der Welt, sondern mitten in dieser Welt sind wir in den Himmel versetzt.

Wenn wir das nicht theologisch bedenken, sondern in der Meditation in uns eindringen lassen, dann ahnen wir, wie uns das Sein in Christus, wie das „In-den-Himmel-Versetztsein" uns befreit von der Macht dieser Welt. Wir sind nun nicht mehr den Maßstäben dieser Welt unterworfen. Wir werden nicht mehr an unserer Leistung gemessen, wir müssen uns nicht mehr durch Erfolg und Gesundheit beweisen, wir dürfen aussteigen aus dem Konkurrenzkampf, wer denn der Größte und Beste sei. Wir haben eine neue Identität, die uns kein Mensch mehr streitig machen kann, eine Identität, die wir den andern nicht mehr demonstrieren müssen, weil sie aus Gott selbst stammt und weil sie in Christus und im Himmel ist, jenseits der Ebene, auf der wir leben und kämpfen. Dieses neue Sein kann man nicht mit immer neuen Begriffen verständlich machen, wir müssen es in der Meditation „schmecken und kosten", wie es die Mönche in der lectio divina taten. Nicht über das Wort nachdenken, sondern es ins Herz fallen lassen, darin besteht für die Mönche Meditation.

Wenn ich dieses Wort „in Christus in den Himmel versetzt“ ins Herz fallen lasse, dann ahne ich etwas von meiner Würde als Christ, dann kann mir aufgehen: Ich, der ich jetzt dasitze und meinen Verstand zum Schweigen bringe, ich bin nicht nur hier in diesem Raum, ich bin im Innersten in den Himmel versetzt. Der Himmel ist in mir. In mir ist etwas, das die Welt übersteigt. Die ewige Heimat ragt jetzt schon hinein in mein Herz. Wenn ich das „koste und schmecke“ als die eigentliche Wirklichkeit, dann relativiert sich vieles, dann fällt die Sorge um mich und meine Gesundheit, die Sorge um Erfolg und Bestehenkönnen weg. Dann ist nicht mehr wichtig, was die andern von mir denken. Dann erfahre ich mitten im Trubel meines Lebens eine tiefe innere Ruhe, dann ist mein Herz angekommen bei Gott und in Gott kommt es wirklich zur Ruhe, da kann alles andere schweigen. Und in diesem Schweigen berühre ich die eigentliche Wirklichkeit, Gott selbst als den, um den all mein Sehnen letztlich kreist.

Was Gott an uns in der Taufe getan hat, geschieht jedoch nicht allein um unseres Heiles willen, sondern für die ganze Welt. Gott wollte den Reichtum seiner Gnade „den kommenden Zeiten“ zeigen, er wollte in der „Öffentlichkeit der Weltgeschichte“ offenbaren, was er in Christus an den Menschen tut, die das Angebot seiner Liebe annehmen. Die von Gott in Christus Auferweckten und in den Himmel versetzten Menschen bilden die Kirche, die für die Welt und ihre Geschichte ein Zeichen von Gottes Gnadenhandeln ist. Die Kirche und unser Leben als Christen haben „Öffentlichkeitscharakter“ (Schlier). Die Kirche ist aller Welt sichtbar und sie soll diese Welt offenhalten für die Gnade Gottes, ja ist „das Anwesen der Gnade für die Welten“ (Schlier). Im Miteinander der Christen, in ihrem Sein und in ihrem Handeln soll Gottes Gegenwart in dieser Welt sichtbar werden, da soll etwas offenbar werden von Gottes Güte und Menschenfreundlichkeit. Die Frage ist, wofür die Kirche heute zeugt, ob unsere Zeit an ihr Gottes Gnade und Gottes Liebe erkennt oder ob sie nur ihre Eigeninteressen und ihr Machtstreben sieht.

Unser neues Sein in Christus muß sich in *guten Werken* zeigen. Wir sind in Christus „dazu geschaffen, in unserem Leben die guten Werke zu tun, die Gott für uns im voraus bereitet hat“

(V. 10). Wir werden nicht durch unsere guten Werke gerettet, aber wir sind von Gott in Christus von unserer Schuld befreit worden, damit unser neues Sein sich in guten Werken ausdrücke. In unserem Handeln zeigt sich, ob wir Gottes Gnadenhandeln an uns verstanden haben. Und an unserem Handeln wird der Welt offenbar, woraus und wozu wir leben. Wenn wir in Christus aus dem Grab unserer Schuld und Angst herausgeführt und in den Himmel versetzt worden sind, dann sind wir frei von dem Zwang, alles nur für uns zu tun, alles nur auf uns zu beziehen, dann sind wir frei, um an dieser Welt gut zu handeln – frei, um den Menschen Gutes zu tun, um gut und gütig mit ihnen zu sein. Die guten Werke sind nicht Zeichen für unser moralisches Bewußtsein, sondern für die Befreiung, die wir in Christus erfahren haben. In ihnen kann die Welt erkennen, daß wir von uns absehen können, daß wir nicht mehr alles für uns tun müssen, weil Gott schon alles an uns getan hat. Und sie kann sehen, daß wir es nicht mehr nötig haben, uns und unser Glück zu finden, weil Gott uns in Christus schon gefunden hat und weil wir in Christus schon in den Himmel versetzt sind, in das Paradies, das alle unsere Sehnsucht nach Glück erfüllt.

Anselm Grün

12. Sonntag nach Trinitatis

*Apostelgeschichte 9,1–9 (10–20)**

I

„Die große Wandlung", so überschreibt die Luther-Bibel den Text der alttestamentlichen Lesung Jes 29,17–24 für diesen Sonntag. Die Tauben, so heißt es, werden hören und die Blinden sehen. Das Haus Jakobs wird nicht mehr beschämt dastehen.

* OLM: –

Das Evangelium nimmt diese Verheißung auf und erzählt von der Heilung eines Taubstummen (Mk 7,31–37). Der Herr öffnet die Ohren des Tauben und löst die Zunge des Stummen, und die Menschen um ihn sprechen: „Er hat alles wohlgemacht. Die Tauben macht er hörend und die Sprachlosen redend."

Diesen Texten ordnet sich auch die Epistel zu, unser Predigttext. Jesus, der Herr, begegnet Saulus vor Damaskus. Seinen eifrigsten Verfolger macht er zum Werkzeug seiner Wahl.

Auch das Wochenlied (EKG 188; GL 848: „Nun lob, mein Seel, den Herren") steht im Zeichen der großen Wandlung. Es preist den Herrn, der auch unsere Schwachheit heilt und unser Leben errettet. So ist dieser Sonntag ganz auf den Lobpreis des sich erbarmenden und rettenden Gottes gestimmt.

II

Lukas hat die Geschichte von der Bekehrung des Paulus gleich dreimal erzählt (9,1–22; 22,3–16; 26,9–18), wobei er nicht etwa einem Erlebnisbericht des Paulus folgt, sondern einer Legende mit den typischen Motiven der Lichterscheinung und des Niederstürzens. Paulus selbst deutet seine Bekehrung nur an (1. Kor 9,1; 15,8; Gal 1,12–17; Phil 3,6–11). Während Paulus seine Berufung, d. h. seine Beauftragung durch den Auferstandenen in den Mittelpunkt rückt, berichtet Lukas in Apg 9 von einer Bekehrung. Sie wird bewirkt durch die Christuserscheinung. Von einer Berufung ist hier nur nebenbei die Rede, stärker aber in den beiden anderen Versionen der Bekehrungsgeschichte.

Die Verse 1–9 berichten von den Verfolgungsplänen des Saulus und einer ihn zu Boden werfenden plötzlichen Christuserscheinung und Audition, in der Christus sich als der von ihm Verfolgte zu erkennen gibt. In den Versen 10-19a wird die Bekehrung aus der Perspektive des Hananias, eines Gliedes der christlichen Gemeinde, geschildert. Paulus wird getauft und in die Gemeinde aufgenommen. Am Ende (19b–22) sehen wir ihn gleichsam spiegelbildlich zu den ersten Versen des Abschnitts als Verkündiger Jesu Christi. Lukas will mit seinem Bericht der Gemeinde am Beispiel der Bekehrung des Paulus zeigen: „Weil

Christus, der erhöhte Herr, die Macht hat, auch die scheinbar unüberwindlichen Gegner der Gemeinde in seinen Dienst zu nehmen, darum ist diese Gemeinde, die zu ihm gehört, unüberwindlich" (J. Roloff NTD 5, S. 146). Die Gemeinde, auch in der Gegenwart bedrängt und bedroht, soll durch diesen Rückblick ermutigt und vergewissert werden.

III

Wir stellen uns die Gegenwart Christi und sein Handeln sicher viel geistiger vor, als in unserem Predigttext geschildert wird. Für uns – jedenfalls entspricht das unserer Dogmatik – spricht Gott zu uns im Wort und im Sakrament, und er tut dies, ohne uns zu blenden und niederzuwerfen. Aber Saulus wird von Christus geradezu überfallen und zu Boden gestürzt. Er wird blind, kann nicht mehr essen und trinken und muß sich führen lassen. In der zweiten Szene (V. 10–20) erscheint der Herr dem Hananias im Traum und spricht zu ihm von einem Traumgesicht des Saulus. Damit nicht genug: Es geschieht an Saulus ein Heilungswunder; Hananias vollzieht es durch Auflegen der Hände, woraufhin Saulus wieder sehen kann, aufsteht und sich taufen läßt.

Das alles ist für uns aufgeklärte Mitteleuropäer zuviel des Fremden. Stellen wir uns vor, eine Gruppe oder Bewegung in unserer Gemeinde oder ein Angehöriger einer Sekte würde behaupten, etwas ähnliches erlebt zu haben. Wie würden wir uns verhalten? Immerhin geht es hier um die *Bekehrung* eines Menschen und nicht zum Zufälliges und Nebensächliches. Geschieht sie nur in seinem Herzen oder gar nur in seinem Kopf? In der Apostelgeschichte wird immerhin deutlich, daß die Bekehrung ein die ganze Person – bis hin zum Essen und Trinken – ergreifendes Geschehen ist. Das soziale Beziehungsnetz eines solchen Menschen verändert sich radikal. Sein *Wertsystem* ist ein anderes geworden, seine Gefühlswelt, sein Verhalten, schließlich sein Name, alles ist anders geworden. Was ändert sich bei uns, wenn wir uns bekehren?

Mit welchen Worten, Symbolen, Gesten, Ritualen und Festen vollziehen und feiern wir unsere Bekehrung? Welche Bedeutung kommt dabei der Gemeinde zu? Wie sieht eine Bekehrung zum christlichen Glauben in den Kirchen der Dritten Welt und wie sieht sie bei uns aus? Das sind Fragen unseres Textes an unsere *Spiritualität.*

Wir haben freilich zu bedenken, daß es wohl zwei Arten von Bekehrung gibt: Die klassische und die gewöhnliche Form.

Paulus vollzieht einen *Glaubenswechsel.* Ihm geht plötzlich die Erkenntnis auf, daß Gott dem jüdischen Heilsweg der Gesetzesgerechtigkeit in der Sendung Jesu Christi ein Ende gesetzt hat und nun allen, auch den Heiden, das Heil wirkt aus Glauben allein. Inmitten seiner Auseinandersetzung mit den von ihm verfolgten Heidenchristen in Damaskus bricht diese Erkenntnis durch. Augustinus bekehrt sich von der Weltlichkeit zu einer radikal christlichen Lebensführung. Pascal ist bereits Christ, aber ohne letzte Hingabe und Überzeugung; Gott bricht in sein Leben ein wie ein verzehrendes Feuer zu bestimmter Stunde und an einem bestimmten Tag. Hingerissen in Ekstase, protokolliert er auf einem Fetzen Papier seine innere Erschütterung und die Erfahrung vollkommener Gewißheit und Seligkeit: „Freude, Freude, Freude, Tränen der Freude... Ewige Freude für einen Tag der Mühe auf Erden...“ Claudel erlebt während einer Weihnachtsmesse eine unbeschreibliche Gewißheit: „In einem Nu wurde mein Herz ergriffen, ich glaubte. Mein ganzes Sein wurde geradezu gewaltsam emporgerissen.“

Aber nicht jeder Baum wird vom Blitz getroffen, die meisten bleiben verschont. So gibt es auch ein stetiges und langsames, ganz undramatisches Hineinwachsen in den Glauben, ein Sich-hineintasten, ein Wiederentdecken, Einüben und Immer-wieder-neu-Anfangen. Bekehrung ist hier nicht ein einmaliger Akt, sondern ein lebenslanger Prozeß der Gestaltwerdung des Glaubens. Das schließt nicht aus, daß es Zeiten der Dürre gibt und Zeiten des Wachstums, Wachstumsschübe, Brüche, Krisen und Zäsuren, wie wir sie auch in unserer Ich-Entwicklung kennen. Zäsur und Prozeß gehören durchaus zusammen.

Es gibt in unserem Leben auch etwas, was sich gegen unsere bewußten Entscheidungen, Argumente und Überzeugungen durchsetzt. So kann Reinhold Schneider schreiben: „Ich wollte nicht Christ sein. Ich mußte es werden. Denn ich war es von Anfang. Auch im Geistigen und Religiösen können Genotyp und Phänotyp auseinanderfallen; wie wir vererben können, was wir nicht darstellen, so können wir auch sein, was wir einmal werden und was unseren Überzeugungen und Worten widerspricht" (Verhüllter Tag. Köln o. J., S. 129f).

Aber auch die Entscheidung fällt nicht vom Himmel. Sie ist unsere *Entscheidung*, sie ist in unserem Inneren vorbereitet und kommt nicht zufällig zum Durchbruch. Wäre die Entscheidung und plötzliche Bekehrung nicht vorbereitet, dann wäre sie zufällig, folgenlos und schnell vorbei. Nehmen wir die menschliche Subjektivität ernst, so werden wir von einem Ineinander von göttlichem und menschlichem Handeln sprechen. Gott bekehrt den Menschen, und der Mensch bekehrt sich. Beides ist miteinander verwoben, wie in einem echten Gespräch. Gottes Offenbarung tritt uns zwar entgegen, aber sie zerstört uns nicht. Sie erschüttert die Vernunft, befreit und erleuchtet sie, aber sie zerbricht sie nicht.

Saulus wird – auch nach unserem Text – von Gott nicht ausgeschaltet. Er vernimmt Gottes Frage an seine Existenz: „Saul, Saul, was verfolgst du mich?" Mit seinem ganzen Eifer für Gott wird er in Frage gestellt. Gott kann uns fragen: Wofür lebst du? Wofür hast du dich bisher abgearbeitet?

Und wir können wie Saulus antworten: Herr, wer bist du? Bisher glaubten wir, Gott zu kennen. Und nun „verbrennt" unsere ganze Theologie und Frömmigkeit zu der einen Frage: Wer bist du, Gott? „Wenn einer von euch einmal in eine Anfechtung kommt, in der ihm sein ganzer Glaube und vielleicht auch seine ganze Theologie zusammenbricht, und nichts übrigbleibt als diese Frage: Wer bist du? – er kann in dieser Frage in aller Ferne Gott näher sein als einer, der nie so weit hinausmußte" (C. Westermann).

Aber unsere Geschichte geht weiter. Auch Hananias, voll böser Erinnerungen und Vorwürfe an den Verfolger, bekehrt sich: Dem, den er bisher gefürchtet hat, legt er die Hände auf. Gott mutet ihm zu, das Gewohnte aufzugeben und das ganz Ungewohnte zu tun. Der bisherige Feind und Fremde wird zum Bruder. Auch von „Hananias-Bekehrungen" lebt die Kirche.

Literatur:
W. H. C. Frend u. a., Art. „Bekehrung"; in, TRE 5, 439–486.
C. Westermann, Predigten. Göttingen 1975.

Erdmann Sturm

13. Sonntag nach Trinitatis

*1. Johannes 4,7–12**

I

Das Thema des 13. Sonntags nach Trinitatis ist die Einheit von Gottes- und Nächstenliebe. Das drückt der Wochenspruch aus: „Was ihr getan habt einem von diesen meinen geringsten Brüdern, das habt ihr mir getan" (Mt 25,40). Und das entfaltet das Evangelium vom barmherzigen Samariter (Lk 10,25–37). Der Gesetzeslehrer kann zwar von sich aus das Gebot der Gottes- und Nächstenliebe als Zentrum des Glaubens erkennen. Aber offensichtlich ist sein Bekenntnis nur eine Formel, die nicht vom Leben gedeckt ist. Jesus weist ihn auf die Liebe zum Nächsten hin. Der Nächste ist jeder, der ausgeplündert und alleingelassen am Weg liegt. Der 13. Sonntag legt den Akzent auf die Nächstenliebe. An ihr entscheidet sich, ob wir wahrhaft Gott lieben. Der barmherzige Samariter hat das verstanden. In der Lesung schärft es der Johannesbrief den Christen am Ende des ersten Jahrhunderts ein, indem er die Liebe zum Nächsten als Kriterium beschreibt, an dem wir erkennen können, ob wir Gott lieben. Das Tageslied nimmt das Thema des Sonntags auf, indem es um den rechten Glauben an Gott und um die Liebe zum Nächsten bittet: „Den rechten Glauben, Herr, ich mein, den wollest du mir geben, dir zu leben, meim Nächsten nütz zu sein, dein Wort zu halten eben" (Lied EKG 244).

---

* OLM: (V. 7–10) 6. Sonntag der Osterzeit (B); (V. 7–16) Heiligstes Herz Jesu (A)

II

Konflikte damals – Konflikte heute

Der 1. Johannesbrief stammt (wie 2. und 3. Joh) aus dem Kreis der johanneischen Gemeinde. Dort lebte die Spiritualität des Johannes-Evangeliums: Jesus, Gottes menschgewordene Wort, das in der Herrlichkeit des Vaters („jetzt" ist die „Stunde" da, Joh 5,25) lebt, hebt durch seinen Geist („Salbung" 2,20.27) den Christen in diese Einheit hinein (Joh 17). Spiritualistische Gruppierungen versuchten damals diesen Ansatz von aller Bodenhaftung zu lösen: Der historische Erlösungstod Jesu wurde zwar nicht geleugnet, verlor aber alles Gewicht. „Jesus in Gottes Herrlichkeit erkennen" sei jetzt schon „ewiges Leben"; Jesu Kommen sei unnötig, die Geschichte schon beendet. Damit falle das moralische Mühen in der Nachfolge weg; ein Christ stünde jetzt schon im Licht, in Gottes Herrlichkeit (Joh 17,22 f).

Der 1. Johannesbrief mahnt aus der vollen johanneischen Spiritualität heraus nun die Bodennähe, die Geschichtlichkeit, Jesu Menschsein und den ethischen Anspruch an.

Ein Vergleich mit heute drängt sich auf. Eine anwachsende meditative Religiosität wertet das Geschichtliche, das Personale als „gegenständlich" ab und will es in höheres Geistiges übersteigen. In „Spiritualität", als „schwebender" Einheitsreligiosität aller Menschen, sei ein Jenseits von dogmatischer Wahrheit, ethischer Verantwortung, institutioneller Konkretheit zu finden. 1. Joh übergeht wegen eben dieser Gefahr die „Geist"-Theologie und betont den greifbaren Bezug zum historischen Jesus, den wir „geschaut und mit Händen betastet". Dieser Bezug ist schlichthin „absolut", denn Jesus ist das „Leben selbst". Wird nicht auch heute die „Absolutheit" des Glaubens in Frage gestellt?

III

Die Antwort auf dem Boden personaler Liebe

1. Joh markiert den Erfahrungsort des Alltags, auf dem dieser „Spiritualismus" Bodenhaftung bekommt: Die geschwisterliche

Liebe der Gemeinde: „Geliebte, laßt uns einander lieben; wer nicht liebt, hat Gott nicht erkannt." Modern gesagt: „Baut eure Gottes-Erkenntnis (Gnosis) auf der als ‚gegenständlich' disqualifizierten menschlichen Begegnung auf." Kein meditatives Aufheben der Unterschiede in einen Einheitsgrund, sondern Ich-Du-Begegnung als Urdatum des Seins. In ihr – nicht darüber-dahinter – lebt Christentum. Das aber stellt auf den Boden von Geschichte und von Gemeinde.

Schroffer, aber auch wirklichkeitsnäher lassen sich die vermeintlich „meditativen" Bemühungen, die die Ich-Du-*Begegnung* in eine Ungegenständlichkeit überschreiten, kaum zurechtrücken. Wo du dein Gegenüber in seiner freien Persönlichkeit anerkennst, achtest, liebst, dort entscheidet sich dein Verhältnis auch zum Allerletzten, zu Gott! Jesus setzt Gottes- und Nächstenliebe ineins!

In Meditation übersetzt heißt dies: Mein Sprechen von Gott und seinem Verhältnis zu mir, bleibt Stammeln. Doch kein Wort, keine Erfahrung (auch nicht die von Natur oder meiner Identität) kommt dem Verhältnis zu Gott näher als die Begegnung mit der freien, sich mir zuneigenden Mitte eines „Gegenübers". 1. Joh ist eindeutig: *Liebe* im personalen Sinn ist das gültige Paradigma der Gotteserfahrung. Sagt das aber nicht auch mein inneres Fühlen?

Wer diese zwischenmenschliche „Liebe" nie erfahren hat, tut sich schwer, ein solches Paradigma auf Gott hin durchsichtig zu machen. Deshalb mahnt 1. Joh: „Laßt uns einander lieben!"

Auf dieser Grunderfahrung aufbauend: Liebe als Urparadigma, um das Verhältnis zum Allerletzten zu verstehen, wird der Text eindeutig und braucht kaum noch Erklärung.

„Gott ist Liebe" – damit beginnt und endet alles; Liebe, kein Aus- und Zurück-Fließen, sondern Geschenk aus Freiheit auf neue Freiheit hin.

„Jeder, der liebt, ist aus Gott gezeugt und erkennt Gott." Er lebt sein innerstes Wesen. Wer dies meditativ oder transpersonal übersteigen will, hat nie erfahren oder ersehnt, was Liebe ist.

„Darin ist die Liebe Gottes zu uns offenbar geworden, daß Gott seinen einzigen Sohn in die Welt gesandt hat." Damit wird ein doppeltes Geheimnis berührt:

– daß Gott inneres Leben nur Liebe heißen kann. Die Christenheit rang sich zu dem Mut durch, paradox von Gottes *Drei-Einigkeit* der Liebe zu sprechen,

– daß Gottes Liebe zu den Menschen sich einmalig-absolut ausspricht. Liebe läßt sich nicht wie Zahlen und Dinge multiplizieren. Kant wußte: „Wer alle liebt, liebt niemanden!" Gott aber zeigt seine Liebe zu uns in einmaliger Absolutheit, in Jesus.

Gott ist Geheimnis. Sichtbar-erfahrbar – nicht auf-lösbar – wird dies im Tun seiner Liebe: „Wenn wir einander lieben, bleibt Gott in uns, und seine Liebe ist in uns vollendet."

Liebe ist Alpha und Omega aller Gottesbegegnung.

Josef Sudbrack

14. Sonntag nach Trinitatis

*Römer 8,(12–13)14–17**

I

Die Liturgie des 14. Sonntags nach Trinitatis ist vom Thema der Dankbarkeit bestimmt. Im Evangelium (Lk 17,11–19) dankt nur der Samariter für seine Heilung durch Jesus. Der Wochenspruch ermahnt uns alle, Gott zu loben: „Lobe den Herr, meine Seele, und vergiß nicht, was er dir Gutes getan hat" (Ps 103,2). Wir alle haben Grund genug, Gott zu danken. Er tut Tag für Tag an uns Gutes. Oft genug übersehen wir es. Wir sehen nur die Wüste um uns herum, wie Jakob auf seiner Flucht vor seinem Bruder Esau, vor seinem eigenen Schatten. Die Lesung 1. Mose 28,10ff schildert uns, wie Gott Jakob einen Traum schickt, damit er in der Verlassenheit der Wüste, in der Ausweglosigkeit seines Davonlaufens, den nahen Gott erkennt, der ihm verheißt:

* OLM: (V. 14–17) Dreifaltigkeitssonntag (B); Pfingstmontag (C); (V. 14–23) Allerseelen

„Ich bin mit dir, ich behüte dich, wohin du auch gehst" (1. Mose 28,15). Ob durch einen Traum oder durch ein Wort des Herrn, Gott muß uns immer wieder zur Haltung der Dankbarkeit anstoßen. In der Dankbarkeit geht uns erst das Geheimnis unseres Lebens auf, da erkennen wir, daß wir überall von Gottes liebender und heilender Nähe umgeben sind, daß Gott alle unsere Wege mit uns geht. Der Wochenpsalm 146 ist erfüllt von dieser Dankbarkeit für Gottes Wirken in unserem Leben.

II

In den Versen Röm 8,12–17 zeigt uns Paulus im Rückgriff auf biblische und frühjüdische Überlieferungen, daß alle, die den Geist Gottes empfangen haben, zugleich Söhne Gottes sind. Nicht nur für den Messias gilt die Zusage, daß Gott „für ihn Vater sein und er für mich Sohn sein wird" (2. Sam 7,14), sondern für jeden Christen. Durch Tod und Auferstehung Christi hat Gott seinen Geist auf das Volk des Neuen Bundes ausgegossen und den Menschen das Gesetz ins Herz geschrieben (vgl Jer 31,31 ff). Jetzt können sie gemeinsam mit Jesus Gott mit Abba, lieber Vater, ansprechen. Sie haben teil an der Gottessohnschaft Jesu und dürfen Gott mit Jesu eigenen Worten anrufen. Es ist ein Geist der Freiheit, der sie von der Angst befreit, die Sklaven vor ihrem Herrn haben. Die Gemeinde Jesu Christi, erfüllt von seinem Geist, mit seinen Worten zum Vater betend, wird das Erbe empfangen, das Gott den Vätern verheißen hat, das er Abraham zugesagt hat und das er Jakob im Traum von der Himmelsleiter bestätigt hat. In ihr erfüllt sich, was Gott zu Jakob gesagt hat: „Ich verlasse dich nicht, bis ich vollbringe, was ich dir versprochen habe" (1. Mose 28,15).

Das Erkennungszeichen für den Empfang des Erbes, der Kindschaft Gottes, ist bei Paulus die Teilhabe am Leiden Jesu Christi. Paulus spricht immer wieder vom „mitleiden". Wir sind durch die Taufe mit Christus so verbunden worden, daß wir mit ihm leiden und sterben und schließlich mit ihm auferstehen. Der Geist Jesu schließt uns mit ihm zusammen zu irdischer Leidensgemeinschaft, aber auch zur Gemeinschaft der künftigen Herrlichkeit.

III

In der Meditation des Paulustextes genügt es nicht, die Worte nur zu erklären. Es geht darum, sie zu schmecken, sie zu erfahren, sie als Wirklichkeit meines Lebens zu entdecken. Drei Worte sind es, die nach einer Auslegung ins gelebte Leben hinein verlangen: *Geist*, *Sohn* und *Vater*. Es sind allesamt Urworte, die in die Tiefe des menschlichen Herzens hinein gesprochen werden möchten, in die Tiefen des Unbewußten, der verdrängten kindlichen Erfahrungen, der unterdrückten Sehnsüchte und der ungestillten Bedürfnisse. Nur dann können sie einen Klang annehmen, den unser Herz versteht.

Das Geheimnis der christlichen Existenz beschreibt Paulus mit einem Leben aus dem *Geist*. Wir sind nicht dem Fleisch verpflichtet, sondern dem Geist. Aus dem Geist leben, das rührt an unsere tief im Herzen verborgene Ahnung, daß wir unser Leben selbst bestimmen können, daß wir nicht irgendwelchen unbewußten Zwängen unterworfen sind, weder den Zwängen der Sternbilder noch den Zwängen der psychischen Komplexe. Geist ist die Verheißung von Freiheit, aber zugleich auch von Weite. Der Geist erforscht alles, er dringt bis in die Urgründe vor. Wenn wir aus dem Geist leben, dann leben wir nicht bloß oberflächlich, dann wiederholen wir nicht nur, was andere sagen und uns vorschreiben. Wir atmen vielmehr die Freiheit des Denkens. Wir entdecken mit unserem Geist neue Zusammenhänge, wir dringen mit unserem Geist tiefer ein in das Geheimnis der Welt. Und der Geist verweist uns auf unsere unantastbare Würde. Denn der Geist kann nicht sterben, er ist ewig, er hat teil an der göttlichen Unendlichkeit und Unsterblichkeit.

Der Geist, aus dem wir leben, ist aber nicht nur Gottes Gabe, sondern es ist der *Heilige Geist* selbst, die dritte göttliche Person. Aus dem Geist leben beschreibt daher unsere Nähe zu Gott. Durch den Geist und im Geist sind wir eingetaucht in das Leben des dreifaltigen Gottes. Gottes Geist selber atmet in uns und erschließt uns die Tiefen der Welt. In unserem Geist atmen wir göttlichen Geist. Im griechischen Wort für Geist, ‚pneuma', wird das noch deutlicher. Pneuma ist Geist und Hauch zugleich, göttlicher *Atem*, der in uns atmet, der Leib und Seele durchdringt.

Anstatt über das Geheimnis des Geistes, aus dem wir leben, nachzudenken, meditieren wir ihn wohl besser, indem wir dem eigenen Atem nachspüren. Wir können die Augen schließen und unser Bewußtsein in den Atem lenken. Ich bin ganz in meinem Atem, ich spüre ihm nach, wie er kommt und geht, wie er den ganzen Leib durchatmet. Und ich stelle mir vor, in diesem Atem berührt mich Gottes Geist selbst. Gottes Geist ist genauso unfaßbar wie der Atem. Er läßt sich nicht festhalten, nicht konservieren. Er will immer fließen. Er wird nur erfahrbar an seinen Wirkungen. Indem ich ganz in meinem Atem bin, kann ich erahnen, was es heißt, in Gott zu sein, von Gottes Geist durchdrungen und erfüllt zu werden, aus dem Geist Gottes zu leben. Es ist die Ahnung einer ganz anderen Wirklichkeit. In meinem Atem, gedeutet durch das Wort der Schrift, komme ich der Wirklichkeit schlechthin auf die Spur, der Wirklichkeit Gottes, der in alle Poren meines Leibes und in alle Winkel meiner Seele eindringt und sie durchdringt.

Das zweite Wort, das geschmeckt (sapere) werden will, ist das des *Sohnes* und der *Tochter*, das Bild von der Kindschaft Gottes. Der Sohn oder die Tochter ist von den Eltern angenommen und geliebt. Er muß seinen Wert nicht erst beweisen, er ist ohne Bedingung angenommen. Daher übersetzt Jörg Zink die Erklärung der Sohnschaft in V. 15 paraphrasierend so: „Ihr müßt ja nicht weiterhin in der Angst leben, auch nicht in der Angst, den Geist Gottes wieder zu verlieren oder es Gott nicht recht zu machen. Ihr seid keine Tagelöhner, die täglich an ihrer Leistung gemessen werden. Ihr habt gehört und wißt, daß ihr Söhne Gottes seid." *Kindschaft* meint bedingungslose Daseinsberechtigung. Doch viele fühlen sich nicht als Kinder, sondern als *Sklaven*, sie müssen sich ständig beweisen, sie müssen um ihre Daseinsberechtigung kämpfen. Sie müssen brav sein, damit sie geliebt werden. Sie müssen etwas leisten, damit sie anerkannt werden. Sie müssen sich anpassen und sich die eigene Meinung verbieten, damit sie überall beliebt sind.

Aus diesem Teufelskreis der Versklavung befreit uns Christus, indem er uns zu Kindern Gottes macht. Kind Gottes, das bedeutet, daß ich sein darf, wie ich bin, daß ich so geliebt werde, wie ich bin, daß ich ohne Bedingungen angenommen werde. Diese absolute Daseinsberechtigung ist der Wurzelboden, auf dem mein Leben gelingen kann, auf dem sich das Bild entfalten kann, das Gott sich von mir gemacht hat.

Wir sind Kinder Gottes, nicht nur Kinder von Menschen, nicht nur Kinder unserer *Eltern*. Als Kinder Gottes sind wir den Eltern keine Rechenschaft schuldig. Wir sind nicht dazu geboren, die Erwartungen unserer Eltern zu erfüllen. Vielmehr sind wir dazu da, Gottes *Traum* von uns zu leben. Jeder von uns ist ein Wort, das Gott nur in diesem einen Menschen spricht. Und unsere Aufgabe ist es, dieses unverwechselbare Wort Gottes in unserer Welt vernehmbar werden zu lassen. Das gibt uns eine unantastbare Würde und zugleich eine große Freiheit, die Freiheit von den Erwartungen und Ansprüchen unserer Eltern, die Freiheit den Bildern gegenüber, die sie uns gerne überstülpen möchten.

Wir sind Kinder des Himmels und nicht nur Kinder dieser Erde. Wir haben in uns einen göttlichen Kern, wir sind von Gottes Geist durchatmet. Wir atmen die Weite des Himmels trotz der Erdenschwere, die uns manchmal festzuhalten droht. Wir spüren in uns eine Sehnsucht, die die Tagesgeschäfte übersteigt. Wir lassen uns nicht einfach einspannen in die Geschäfte von Menschen. In uns ist etwas, das sich von keinem menschlichen Herrscher beherrschen läßt. Als Kinder des Himmels sind wir frei wie die Vögel des Himmels. Keiner kann uns festhalten.

Das dritte Urwort ist das des *Vaters*. In unserer vaterlosen Gesellschaft hat das Wort Vater nicht mehr den guten Klang früherer Jahrhunderte. Und doch spüren es die Erziehungsberater zur Genüge, was die mangelnde Vatererfahrung im Kind verursacht. Der Vater hat die Aufgabe, dem Kind *Vertrauen* ins Leben zu schenken, ihm Mut zu machen, etwas zu wagen, ein Risiko einzugehen. In der Nähe des Vaters springt das Kind weiter als sonst. Es weiß, daß der Vater es auffängt. Bei ihm kann es sich anlehnen, Halt finden. Dabei geht es nie nur um den konkreten Vater, sondern um die Qualität des Vaters, die durchaus auch von Müttern vermittelt werden kann. Der Vater stärkt das Rückgrat der Kinder. Wenn die Vatererfahrung fehlt, braucht der Mensch einen Rückgratersatz. Und das ist normalerweise die Ideologie. Weil man in sich keinen Halt findet, sucht man einen äußeren Halt. Aber der macht einen eng und starr.

Wer seinen Vater nur negativ erlebt, der tut sich auch schwer,

Gott seinen Vater zu nennen. Und doch lädt uns Jesus ein, Gott mit dem familiären Wort „Abba“, lieber Vater, Papa, anzureden. Selbst in dem, der nicht gerne an seinen leiblichen Vater denkt, steckt eine Ahnung von dem Vaterbild, das dem menschlichen Herzen als archetypisches Bild eingeschrieben ist, eine Sehnsucht nach dem Vater, von dem er sich verstanden fühlt, an den er sich anlehnen kann, in dessen Nähe er sein Leben anpakken und wagen kann. Und wenn er nicht seine persönliche Vatererfahrung auf Gott übertragen kann, so kann er sich doch nach dem Vater sehnen, nach dem sein Herz im Tiefsten verlangt. Jesus lädt uns ein, Gott unseren lieben Vater zu nennen. Vor Gott können wir unsere Sehnsucht zulassen. Da bleibt sie nicht Illusion, nicht Wunschbild, da wird sie wahrhaft erfüllt. Gott ist unser Vater, der uns versteht, der uns herausfordert, der uns etwas zutraut, der uns Lust am Leben schenkt. Wenn wir im Heiligen Geist als Söhne und Töchter Gott unseren Vater nennen und zu ihm als Vater beten, dann können wir etwas erahnen von der tiefen Geborgenheit, die er uns schenkt, von dem Gefühl, daheim zu sein, und von einer vertrauensvollen Zustimmung zu allem, was ist. Jörg Zink beschreibt diese Erfahrung der Vaterschaft Gottes in V. 16f so: „Gottes Geist ist es, der es uns immer wieder zuspricht und bekräftigt: Ihr seid Kinder Gottes. Wenn wir aber seine Kinder sind, haben wir Hausrecht bei ihm. Wir gehen zu ihm nach Hause, wie Christus zu ihm ging und bei ihm wohnt. Es kommt nur darauf an, ganz dicht bei Christus zu sein.“

Anselm Grün

15. Sonntag nach Trinitatis

*1. Petrus 5,5 c–11**

I

„Heißt christlich leben – sorglos leben?" Mit dieser Frage könnte man den 15. Sonntag nach Trinitatis thematisieren. Der Text der Lesung 1. Mose 2,4 b–8.15 läßt vor dem inneren Auge des Hörers das verheißungsvolle Bild der älteren Schöpfungserzählung von einem Gott erstehen, der dem Menschen, den er erschafft, das Leben gönnt und ihm eine an Ressourcen und Möglichkeiten reiche Welt anvertraut. Der Episteltext (1. Petr 5,5 c–11), den man am besten von 5,1 an, aber zumindest von V. 5 a an verlesen sollte, bildet dazu einen Kontrast mit einem dunklen, bedrohlichen Unterton: Direkt und zwischen den Zeilen ist die Rede von den Leiden des christlichen Lebens in der Welt, das gerade kein sorgloses Leben ist. In seinen hellen Obertönen freilich stimmt der Text mit den Jesusworten des Evangeliums (Mt 6,25–34) überein, die zu einer heiligen Sorglosigkeit im Leben und zu einem geradezu kindlichen Vertrauen zu Gott auffordern.

Kontrastierend zum Wochenspruch 1. Petr 5,7 würde ich einführend in den Gottesdienst einige Worte (evtl. auch Bilder im Eingangsraum der Kirche) vorschlagen, die die Sorgen der Menschen allgemein, erst recht die der Christen inmitten einer säkularisierten Gesellschaft ansprechen, um zum nachdenklichen Hören der Schriftlesungen anzuregen. Als Eingangslied der Gemeinde eignet sich dann „Der Tag bricht an und zeiget sich" (EKG 333,1.2.5). Die alttestamentliche Lesung sollte nicht fehlen – wegen des theologischen Grundverständnisses des menschlichen Lebens, das darin ebenso zum Ausdruck kommt, wie es sich säkular in den Hoffnungen der Menschen heute artikuliert. Als Graduallied nach der Epistel empfiehlt sich „Von Gott will

* OLM: –

ich nicht lassen" (EKG 283,1–3.8). Die Polarität christlichen Lebens in Leiden und Rettung, tritt in Tod und Auferweckung Jesu hervor. So sollte in diesem Gottesdienst auch das Abendmahl gefeiert werden.

II

1. Petr gilt heute allgemein als pseudonymes Schreiben an die Christen in Kleinasien, das sicherlich erst nach dem Tod des Petrus, höchstwahrscheinlich am Ende des ersten Jahrhunderts, verfaßt wurde. Er kommt aus Rom, das sich hinter dem Kryptogramm „Babylon" (5,13) verbirgt, worauf wohl auch der fiktive Absender Petrus hinweist, unter dessen Autorität sich das Schreiben stellt. Es handelt sich um eine Art Enzyklika, die unter den christlichen Gemeinden Kleinasiens zirkulieren sollte. Inhaltlich finden sich beachtliche Reminiszensen an Paulus, die der Verfasser wohl auch durch den als „Schreiber" (was immer dies auch heißen mag) genannten Paulusbegleiter Silvanus (5,12) gewährleistet sieht. Allerdings finden sich ebenso viele allgemein frühchristliche Motive in diesem Brief, die vom Verfasser sogar als spezielle Jesustraditionen verstanden sein könnten (R. Pesch). Das ist vielleicht auch ein Grund, weshalb für diesen Brief die Autorität des Petrus (1,1) bemüht wird.

Inhaltlich ist das Schreiben so allgemein gehalten, daß es in vielfältigen Situationen des Christseins Gültigkeit hat und an verschiedenen Orten und zu verschiedenen Zeiten hilfreiche Paränese sein kann. Eine spezielle Verfolgungssituation wird man aus diesem Brief (noch?) nicht herauslesen können, doch leben die Christen wie „Fremde" (1,1) in ihrer Umwelt. Ihr Glaube erfährt wenig Hochschätzung; eher scheint zu gelten, was Plinius d.J. um 110 n. Chr. zum Christenglauben in den Provinzen Kleinasiens bemerkt: „Ein minderwertiger maßloser Aberglaube." Im letzten Kapitel des Briefes, dem die Epistel entnommen wird, beginnt der Verfasser mit einer Ermahnung der Ältesten bzw. Presbyter zu vorbildlicher Amtsführung (5,1–4), um sich dann den „Jüngeren", höchstwahrscheinlich der ganzen übrigen Gemeinde, zuzuwenden: Die „oben" und die „unten" sind angemahnt. Darum sollte der Episteltext wenigstens von V. 5 a an gelesen werden. Der ausgewählte Abschnitt (V. 5 a–11) läßt sich am besten noch einmal in zwei kleinere Abschnitte gliedern: Eine Ermahnung zu einem rechten Miteinander in der Gemeinde (V. 5–7) und eine Ermutigung angesichts der Leiden der Christen im Alltag (V. 8–1).

III

Die exegetischen Erkenntnisse zu 1. Petr machen mich nachdenklich: Die in ihm angesprochenen Christen von damals lebten in ähnlichen Verhältnissen wie viele Christen heute. Die gesellschaftlichen Bedingungen kommen dem christlichen Glauben nicht gerade entgegen, sondern machen ihn schwieriger. Die *Entfremdung* zwischen denen, die sich bewußt Christen nennen und es ernsthaft sein wollen, und denen, die dies nicht sind oder nicht (mehr) sein wollen, wird größer. Gewiß sind die allermeisten unserer Mitbürger nicht unreligiös und wollen es auch nicht sein; gewiß stehen viele von ihnen nur zu Kirche und Gemeinde in Distanz, jedoch nicht unbedingt zu dem, nach dem sie nach wie vor als Christen bezeichnen; und gewiß „brocken" wir Insider-Christen uns so manche Distanzierung bisheriger Mitchristen „selber ein" und laden damit auch Schuld auf uns, bleiben ein gehöriges Stück christlichen Zeugnisses schuldig. Dennoch trifft auch zu, was restaurative Kreise in den Kirchen immer wieder ins Spiel bringen: „Der Gegenwind", in dem die Kirche zu leben versucht, ist nicht von geringer Stärke. Dabei sind es – wie damals – gar nicht so sehr die staatlichen Mächte und Organisationen, die uns Schwierigkeiten bereiten, es sind eher das Unverständnis für die Traditionen und die Überzeugungen, aus denen wir leben, die andere Einstellung zu bestimmten Bereichen und Fragen des Lebens, auch das mangelnde Wissen über das, was uns wirklich bewegt, wie ein gewisses Desinteresse an dem, was wir glauben. Es sind Fragen des Lebens, die uns entgegenschlagen, unter denen wir „leiden", vor allem Christen in Europa leiden.

Auf diesem Hintergrund lade ich ein, mit mir diesen Text zu meditieren:

Da ist die erste Mahnung, die von V. 5 a an bis 7 das „binnenkirchliche“ Verhalten im Blick hat. Die Presbyter (V. 1–4), die Vorsteher, und die „Jüngeren“, die übrigen, die Basis der Gemeinden, werden ermahnt, – besser: ermutigt. Abgerungene, aufgezwungene, bloße Pflichterfüllung, gar schmutzige Gewinn- oder Herrschsucht gegenüber zugewiesenen Gemeindemitgliedern bzw. -gruppen seitens der *Presbyter* werden an den Pranger gestellt; der Gemeinde aber wird Anerkennung der *Vorsteher* empfohlen. Was alle verbinden soll, Vorsteher und Basis der *Gemeinde*, ist die gleiche Haltung, wie sie Gott gegenüber gebührt, der Demütigen seine Gnade schenkt (Spr 3,34). Das im Urtext erkennbare Bild ist vielsagend: Bekleidet euch mit Demut. Der „Arbeitskittel“ (R. Pesch), den man im täglichen Umgang miteinander in der Gemeinde tragen sollte, heißt Demut. Wer sich dessen vor Gott bewußt ist, weiß, daß diese Haltung keine Einbuße an Ansehen bei Gott und den Menschen bedeutet (vgl. V. 6f). Er wird darum auch vor den Mitchristen zu solcher Demut fähig sein, ganz gleich, welchen Platz er in der Gemeinde hat. Hier ist der Ort ureigenster Gewissenserforschung für alle Amtsträger, aber auch für jeden Christen... Unser Zeugnis für das Evangelium wäre leuchtender, wenn wir uns anders verhielten, als es vielfach in unseren eigenen Reihen geschieht!

Das Leben der Christen in einer eher unchristlichen (postchristlichen) *Gesellschaft* vermögen die nachfolgenden Ermahnungen der Epistel zu inspirieren: Eine nüchterne und wachsende Einschätzung gegenüber den Bedrohungen des Glaubens ist geboten. Was unter dem Bild des „Widersachers“, des Diábolos (Verwirrers), mythisch als reißendes, mordendes Tier dargestellt ist, meint nicht nur die individuelle Bosheit, die von einzelnen Menschen – auch von Christen – ausgehen kann; es sind auch gesellschaftliche Zwänge und Pressionen, die den Christen in Bedrängnis bringen, ihn in Frage stellen, ihn zum Unglauben verführen. Auch wenn es nicht angeht, alle Erscheinungen der modernen Gesellschaft, vom Individualismus bis zu den Medien, vom Wohlstands- bis zum Leistungsdenken, in diesem Sinne zu „verteufeln“, sollte der Christ sich doch eine nüchterne, differenzierende Sicht bewahren und zu erkennen suchen, was davon „des Teufels ist“. Auch an diesem Punkt bietet sich die Gelegenheit, das eigene Leben gerade einmal auf die vielen Strömungen hin zu prüfen, die uns beeinflussen... Was den Christen ermutigt, ist nicht nur, daß er nicht allein ist in seinem Leiden um seinen Glauben und sein Leben in der Welt (vgl. V. 9b), sondern vor allem das bewußte Sich-Gründen in Gott (vgl. V. 9a.10). Denn ihm ist weder die Macht über die Welt noch sein Plan mit ihr aus der Hand geglitten – was noch einmal V. 11 doxologisch beteuert.

Heinz Geist

16. Sonntag nach Trinitatis

*2. Timotheus 1,7–10**

I

Der 16. Sonntag nach Trinitatis ist durch seine Texte ganz der Ermutigung der Gemeinde gewidmet. Grund dieser Ermutigung ist Leben, Sterben und Auferweckung Jesu Christi. Ermutigung drückt schon die alttestamentliche Lesung Klgl 3,22–32 aus: „Die Güte des Herrn ist's, daß wir nicht gar aus sind...". Der Wochenspruch ist der Epistel entnommen: „Jesus Christus hat dem Tode die Macht genommen..." (2. Tim 1,10b) und gibt damit den Grundton des Predigttextes im liturgischen Kontext wieder. Das Evangelium erzählt die Auferweckung des Lazarus (Joh 11), ein Ereignis, das zur Kreuzigung Jesu führt.

Weniger glücklich bin ich mit den beiden vorgeschlagenen Wochenliedern EKG 87 („O Tod, wo ist dein Stachel nun?") und 280 („Was mein Gott will, das gescheh allzeit"). Sie spiegeln die mittelalterliche Frömmigkeit, die den Christen heute fremd ist. Am ehesten finde ich mich da wieder, wo von Anfechtung die Rede ist wie 280,4 oder der Trost unmittelbaren Ausdruck findet wie 87,5. Aber gewiß können die Gebete, sorgsam formuliert,

* OLM: (V. 6–8.13–14) 27. So. im Jahreskreis (C); (V. 8b–10) 2. Fastensonntag (A)

die Brücke zwischen Gemeinde und Texten ebenso schlagen wie die Predigt.

II

Der Brief, der vermutlich nicht aus der Feder des Paulus, sondern eines seiner Schüler stammt, ist sehr persönlich gehalten. Der Autor beruft sich auf die Tradition seiner jüdischen Väter (V. 3) und weist auch Timotheus auf die familiäre Glaubenstradition hin (V. 5). Die persönliche Beauftragung zur Gemeindeleitung und Verkündigung ist ein wichtiges Element der Rahmendaten, die uns Einblick in das direkte Leben der Gemeinde damals erlauben. Sie besteht aus einer kleinen Schar von Menschen, die jedoch eher durch direkte und persönliche Begegnungen Christen wurden, nicht so sehr ihren Glauben auf eine allgemeine und schon lange Lehrtradition gründen.

Hauptaufgabe dieser Gemeinde ist die Verkündigung des Evangeliums (V. 11). Darin jedoch ist sie angefochten und behindert durch Verfolgungen, die sie in Angst und Schrecken, ja in Leiden bringen. Man kann an die Regierungszeit des Trajan um die 1. Jahrhundertwende denken. In dieser Situation will der Autor der Gemeinde und ihrem Leiter Mut machen, damit sie nicht in Angst ohnmächtig verharren. Dagegen setzt er des Briefes Tugenden, die der Stoa entstammen und offenbar in seiner Umgebung allgemeine Gültigkeit erlangt hatten: Kraft, Liebe und Selbstbeherrschung.

Kraft (dynamis) ist Fähigkeit im umfassenden Sinn. Im biblischen Kontext ist an die Schöpferkraft zu denken (Jes 40,26), die Jesus vom Vater erhält und z. B. in seinen Wundern wirken läßt; seine Gemeinde erfährt diese Kraft im Heiligen Geist.

Auch *Liebe* (agapae) ist eine Fähigkeit, nämlich zur Hingabe. So wird sie im Alten Testament der grundlegende Ausdruck für das Verhältnis Gottes zu seinem Volk (5. Mose 7,7 f). Im Neuen Testament wird Liebe zum Schlüsselbegriff der Sendung Jesu durch den Vater und seiner Jünger durch ihn. Sie wird überall da wirksam, wo es gilt, Jesu Verkündigung und Wirken fortzusetzen; damit verläßt sie ihren exklusiven Bezug auf Israel als das Gottesvolk (Mt 5,43–45) und schließt andere Völker mit ein.

Dies hat Paulus aufgenommen und auf die Apostel als ‚Gottes Geliebte' beziehen können: Gott hat seine Liebe in die Herzen der Gläubigen ausgegossen. So ist es nur konsequent, wenn Kol 3,12 die Christen als „Gottes Heilige und Geliebte" bezeichnet werden, die er – in der Taufe – erwählt hat.

Die *Selbstbeherrschung* (sophronismos) oder Zucht (Luther) macht den Menschen verständig und klug. Der Begriff schließt Besonnenheit und Mäßigung ein und läßt auf ein mehr geordnetes Gemeindeleben schließen im Unterschied zu einem von Spontaneität geprägten.

Alle drei Begriffe beschreiben Gaben, die der Gemeinde schon gegeben sind; sie kann sich auf sie verlassen. Am Beispiel des Paulus kann sie sich in ihrer Situation orientieren, wie diese Gaben des Heiligen Geistes die Zeugen Jesu stärkt und befähigt zur Überwindung der Furcht.

Dieser Gedanke wird noch verstärkt durch das Zitat einer hymnischen Passage V. 9 f. Christus hat dem Tod als drohendem Unglück seine Macht und Faszination genommen, so daß die Christen sich ganz dem Leben überlassen können, das der Auferstandene unter ihnen „ans Licht" bringt durch die Verkündigung des Evangeliums und ein Leben aus dem Glauben an ihn.

III

Sicher ist der Satz richtig, daß sich in unserem Land niemand seines christlichen Glaubens zu *schämen* hat. Dies galt für die alten wie die neuen Bundesländer. Und doch tun es viele von uns, wenn sie die Realität einer schrumpfenden Kirche im Westen sehen, die – örtlich und regional sehr unterschiedliche – Kluft zwischen Anspruch und Realität der christlichen Gemeinden und Kirchen bedenken. Es schämen sich Christen im Osten, wenn sich nun herausstellt, daß Christen mehr als geahnt vom Sicherheitsapparat der alten DDR instrumentalisiert waren. Der Glanz, der kurzzeitig das äußere Bild von Kirche im Osten gerade wegen ihres Mutes in der Verfolgung prägte, blieb nicht lange bestimmend, konnte nicht verinnerlicht werden. Dem Triumph, wenn es ihn denn gab, folgte das „Kreuz" ganz unmittelbar.

So gilt die *Ermutigung* den Christen in West und in Ost: „Schäme dich nicht des Zeugnisses von unserem Herrn noch auch meiner…“ (V. 8)! Der mich und die vielen anderen da tröstet und ermutigen will, kennt die Scham. Er weiß, wovon er spricht. Das zeigt dieses seelsorgerliche Schreiben in jedem Abschnitt. Wir werden ja nicht nur rot, wenn wir an das Zeugnis von Jesus im eigenen und in anderer Leute Mund denken, sondern auch angesichts dessen, was im Leben davon wiederzuerkennen ist – zu oft ist da Fehlanzeige zu vermelden. Ich stelle mir jedenfalls Situationen vor, in denen es mir so ergangen ist. Ich nenne mir selbst die Namen von Christenmenschen, deretwegen ich mich schon geschämt habe. Mein eigener Name taucht da mehrfach auf. Diese konkrete *Erinnerung* hilft mir aus der Traurigkeit heraus, die mich bei solchen Gedanken befällt.

Mir fällt jetzt auf, daß ich V. 7 überlesen habe. Gott hat mich beschenkt mit seinem *Geist*; der aber wirkt nicht Furcht, sondern *Kraft, Liebe* und *Zucht*/Selbstbeherrschung und nicht die lästige Depression, auch nicht jene christliche Haltung, die sich Demut nennt, aber Hochmut ist. Der seelsorgerliche Schreiber des Briefes nennt drei Tugenden: Kraft, Liebe und Zucht. Das sind keine Exklusivtugenden, die nur bei Christen zu finden wären. Diese Tugenden sind allgemeine Ziele. Es sind allgemein anerkannte und erstrebte Ziele in der damaligen Gesellschaft. Wer dem nicht etwas näher kam, konnte verkündigen, was er wollte; es wurde nicht geglaubt, ja nicht einmal ernstgenommen.

Ich suche Verhaltensweisen, *Tugenden* in unserer Zeit. Natürlich spüre ich dabei inneren Widerstand; wir wollen keine Idealisten sein, sondern Realisten. Liebe ist als Wort verbraucht, Kraft und Zucht sind durch ihre Überhöhung in früheren Generationen unbrauchbar. Aber *redlich* muß jemand sein, dem ich glauben soll, und offen für mich und die Welt, den Menschen zugetan, nahbar und mutig, engagiert. Ich versuche, V. 7 für mich neu zu formulieren: Gott hat uns nicht den Geist der *Depression* gegeben, sondern der Redlichkeit gegenüber Menschen und Sachen, damit ich Menschen und Dinge so realistisch sehe, wie es mir möglich ist; und Gott hat mir Mut gegeben, auf meine Weise anderen nahe zu sein, mit ihnen meine Zeit, meine Stimme, meine Gaben zu teilen. Ich erlebe dabei immer wieder meine Grenzen, z. B. sind bei mir nicht alle Menschen gleich willkommen, auch wenn ich mich darum bemühe. Mit einigen bin ich lieber zusammen als mit anderen. Also ein idealer Christ bin ich wirklich nicht. Doch Gott hat mir meine Gaben gegeben, von jedem etwas. So hat er auch anderen Christen solche Gaben gegeben, Gaben aus seiner Fülle, Früchte des Geistes Gottes.

Das alles bedeutet nicht, daß ich mich in Zukunft nicht mehr schämen werde oder Anlässe dazu großzügig übergehe, Anfechtungen einfach „wegstecke“. Das alles wird mir weiter widerfahren, aber ich kann mit Gottes Kraft hindurchgehen, mich von der Scham zum Tun dessen bewegen, was ich im Lichte der Guten Nachricht von Jesus Christus als das Richtige, als das Notwendige, als das Hilfreiche erkannt habe. Irrtümer bleiben auch dann meine Begleiter. Aber so kann ich dem Skeptiker frei begegnen, ohne mich und meine Einsichten absolut zu setzen. So kann ich den einfachen Menschen nahe sein, die sonst immer staunen, was so ein Pastor alles weiß und studiert hat. So kann ich endlich meine Arbeit ohne ständige Überforderung machen, sie besser machen, mich selbst dabei einbringen. So kann ich werben für den „Weg“ (Joh 14,5 f), den Gott mit einer Gemeinde geht.

Wer dauernd auf die Zahlen der Kirchenaustritte sieht, fixiert sich auf einen Mißerfolg, dessen Gründe lange zurückliegen können. Die Gemeinde wirbt in unserer nachchristlichen *Kultur* dann am besten, wenn sie ihre eigene Sache nach Kräften gut macht und vertritt. Die eigene Sache aber ist das „Zeugnis vom Herrn“ in Wort und Tat.

Gerhard Mellinghoff

17. Sonntag nach Trinitatis

*Römer 10,9–17(18)**

I

Die Trinitatis-Sonntage nehmen unter verschiedenen Blickpunkten das Leben der Christen und der christlichen Gemeinde in der Welt zum Thema. Nach Barmherzigkeit, Dankbarkeit, dem Freisein vom Sorgen und dem neuen Lebenszuspruch wird am 17. Sonntag nach Trinitatis die überwindende Kraft des Glaubens in den Blick genommen, bevor dann mit den Geboten die Frage der Lebensorientierung für den Glaubenden aufgenommen wird. Der Glaube ist eine Gotteskraft, die Widerstände überwinden und Grenzen überschreiten kann. Am Evangelium Mt 15,15–21 wird diese Macht anschaubar. Das Wort der kanaanäischen Frau überwindet die Grenze des Gottesvolkes, die auch Jesus als für sich gesetzt ansieht. In der Geschichte vom epileptischen Knaben (Mk 9) geht es ebenso um die Frage nach der Kraft des Glaubens, wie am Jabbok (1. Mose 32) Jakob sich durchringt und überwindet. Der Welt überwindende Glaube ist der Welt nicht entrückt, sondern bleibt in sie eingebunden, wie die Geschichte vom Blindgeborenen (Joh 9) zeigt. Die Verheißung vom „Licht der Heiden“ (Jes 49) weist die Richtung zur Deutung der überwindenden Gotteskraft, um die es auch in unserem Predigttext Röm 10,9–18 geht.

II

Das exegetische Problem dieses Textes stellt sich mit der Frage nach seiner Abgrenzung. Zwar erwecken der programmatische Beginn V. 9 wie auch der zusammenfassende Schluß V. 17 beim Hörer durchaus den Eindruck von Geschlossenheit. Aber ohne

* OLM: (V. 8–13) 1. Fastensonntag (C)

Kontext bleiben diese bekenntnishaften Sätze immer richtig und abstrakt. Ihre eigentümliche Intention erschließt sich aus dem Zusammenhang der paulinischen Argumentation.

Nachdem Paulus das Thema seines Briefes, das Evangelium von der Rechtfertigung des Sünders aus Glauben (Röm 1,16f) entfaltet hat, geht er in Röm 9–11 auf das Verhältnis zu seinem jüdischen Volk ein. Wenn die in Christus offenbare Glaubensgerechtigkeit allen Menschen, Juden und Griechen gilt, dann ist ein selbständiger Zugang zu Gottes Heilswirken eröffnet, der nicht durch die Zugehörigkeit zum Gottesvolk Israel vermittelt werden muß. Was bedeutet unter diesem Blickwinkel dann aber die offenkundige Ablehnung des Evangeliums durch die meisten Juden? Wenn die universale Heilsverkündigung des Evangeliums auf dem Bruch der Heilszusage an Israel beruhen würde, so wäre nicht nur die Glaubwürdigkeit des Evangeliums geschwächt, sie drohte auch auf Gott zurückzufallen: Ist Gottes Wort, sind seine Verheißungen an Israel hinfällig geworden? (Röm 9,6). Ist Gott sich selbst untreu geworden?

Paulus entwickelt seine Gedanken in Röm 9–11 in drei Schritten. Von der Geschichte von Gottes erwählendem Erbarmen aus wird zunächst geklärt, daß Gott sich treu geblieben ist (Röm 9). Die Ablehnung durch Israel macht Paulus am Verständnis der Gerechtigkeit Gottes fest (Röm 10). Die Ablehnung der Gerechtigkeit aus Glauben wird als Verstockung, nicht aber als Verstoßung von Israel gedeutet (Röm 11). Heiden und Israel bleiben aufeinander bezogen. Gottes Erbarmen bleibt bis zum Schluß gültig für alle, bis auch Israel gerettet ist (Röm 11,26).

In der Argumentation um die Gerechtigkeit hat der Predigttext seinen Ort. Am Eifer für Gott fehlt es nicht, aber die Juden erkennen die Gerechtigkeit nicht, die vor Gott gilt, suchen ihre eigene Gerechtigkeit aufzurichten und sind daher nicht unter Gottes Gerechtigkeit (V. 3). Durch die pointierte Gegenüberstellung von zwei Stellen der Thora, 3. Mose 18,5 und 5. Mose 30,11ff, spitzt Paulus diese Entgegensetzung zu. Während Mose von der Gerechtigkeit aus dem Gesetz schreibt, „Der Mensch, der das tut, wird dadurch leben“, spricht die Gerechtigkeit aus dem Glauben: „Das Wort ist dir nahe, in deinem Mund und in deinem Herzen.“ Dieses nahe Wort zum Leben ist für Paulus das Wort vom Glauben, das er verkündigt.

Die Stichworte von Mund und Herzen nimmt der Predigttext im ersten Teil (V. 9–13) auf. Die Bekenntnisformeln verweisen auf den Zusammenhang der Taufe, in dem das Wort diese Nähe hat. Der zweite Teil (V. 14–18) holt die Voraussetzung für die universale Geltung des Wortes ein: Es muß überall zu Gehör gebracht sein.

III

Mit dem Munde *bekennen* und im Herzen *glauben*, das soll meine Rettung bedeuten? Was wird nicht alles bekannt! Was wird nicht alles geglaubt! Was für Bekenntnisse wurden und werden mir immer wieder abverlangt? Woran alles habe ich im Laufe meines Lebens nicht schon geglaubt? Ach, so wäre es zu einfach, als daß das meine Rettung bedeuten könnte.

Aber was heißt das wirklich, im Herzen glauben, daß Gott Jesus von den Toten auferweckt hat? Wann glaube ich das wirklich? Solange der *Zweifel* nagt, solange dieser Glaube eine Forderung bleibt, gibt es für mich keine Rettung. Ach, so wäre es unmöglich, an meine *Rettung* zu glauben.

Die Zusage, auf die Paulus sich beruft, behauptet aber gerade nicht den Abstand zu dem Wort, das meine Rettung bedeutet, sondern seine große Nähe. Ich muß es nicht erst suchen. Ich muß nicht erst bestimmte Forderungen erfüllt haben, bevor es mir gelten könnte. Es ist so nahe, daß es in mir ist, daß es mich selbst erfüllt. Was kann das sein, dessen Inne-Sein anders als bei der Thora erfahren wird? Es geht nicht darum, nur Formeln eines Bekenntnisses zu verstehen, sondern auch den Zusammenhang, in dem sie stehen.

Wer bekennt, Herr ist Jesus, gibt vor anderen seine Zugehörigkeit zum Herrn Jesus zu erkennen. Der ursprüngliche Ort dieses Bekenntnisses ist die Taufe. Mein Bekenntnis ist wie das Amen Zustimmung zu Gottes liebevollem Erbarmen mit mir in meinem Leben und seinen Verhältnissen. In dem Vollzug der Taufe werde ich hinein genommen in Christi Tod und Auferstehen, in sein Leben (Röm 6). Da wird der Glaube, daß „Gott ihn von den Toten auferweckt hat“ (V. 9), körperlich erfahrbar. Ich bin eingegliedert in den „Leib Christi“ (Röm 12). Ich bin verbunden mit allen, die sichChristus bekennen und zugleich bezogen auf alle, denen das Evangelium gilt. Deshalb ist mein Bekenntnis vor anderen in der Gemeinde gesprochen worden.

Die Taufe und ihre immer wieder neue Vergegenwärtigung hat Konsequenzen für das Verstehen des eigenen Lebens in seinem Zusammenhang. Wenn Gottes Erbarmen mir in meinem jetzigen Leben wirklich gilt, meine Taufe jeden Moment meines Lebens umfaßt, dann kann ich aus einer anderen Kraft und *Freiheit* leben: Nicht aus meinem Verhältnissen lebe ich, nicht von Beziehungen zu den Menschen, mit denen ich lebe, nicht von meiner beruflichen Situation, nicht von den bedrängenden Problemen unserer Welt; so sehr auch alle diese Verhältnisse mein Leben bestimmen. In der Taufe bin ich von Gott bei meinem Namen gerufen, daß ich mit meinen Gaben und meinen Schwächen mein Leben lebe in seinen Beziehungen und Verflechtungen, mit seinen Aufgaben und Grenzen, mit seinen Versuchungen und Bedrohungen. „Wer an ihn glaubt, wird nicht zuschanden werden" (V. 11).

Wer sein Leben von der Taufe her verstehen gelernt hat, der weiß, was für ihn mit dem Bekenntnis „Herr ist Jesus" gemeint ist. Wie kann ich mich denn meiner selbst vergewissern, wenn mir alles zu schwinden droht? Daß ich vor all meinem Tun und Entscheiden von ihm her da bin, daß ich zum Leibe Christi gehöre, kann mir mein Leben neu eröffnen. Dessen immer wieder neu inne zu werden, mich darauf zu besinnen, was es denn hier und jetzt in meiner Lebenssituation bedeutet, daß er mein Herr sei, ihn anzurufen – das macht mein Leben reich. Zu dieser Lebensauffassung bedarf es keiner anderen Bedingung als der Taufe, durch die ich ins ‚Bild' gesetzt bin. Da ist „kein Unterschied zwischen Juden und Griechen". Jesus ist Herr für alle, und macht jeden, der ihn anruft, in seinem individuellen Lebenszusammenhang reich (V. 12). Diese Selbstbesinnung, dieses immer neue Orientieren seines Lebens an Jesus als meinem Herrn, macht es mir möglich, mir selbst treu zu bleiben und zugleich mit den Menschen, mit denen ich lebe, und mit den Verhältnissen, in denen ich lebe, verbunden zu bleiben. Das gilt auch und gerade im Streiten, Sich-Auseinandersetzen, Gegenüber- und Entgegen-Treten. Da hat das „Gerettet werden" seinen Anhalt am Leben.

Die Taufe ist die sichtbare Gestalt davon, daß mir das „Wort vom Glauben" (V. 8) im Herzen und im Munde ist, daß die „Gerechtigkeit aus dem Glauben" (V. 6) mein Leben erfaßt hat. Aus der Taufe leben, ist etwas anderes, als das „Tun des Gesetzes" (V. 5), und nicht nur damals. Immer ist es leichter, den Appell an den guten Willen zu hören, sich gefordertem Handeln zu beugen oder zu widersetzen. Schwerer ist es, das eigene *Leben* als ein so gewordenes Ganzes in seinen Grenzen und Möglichkeiten wahrzunehmen. Deshalb bleibt die Frage bis heute, wie kommt einer zum Glauben, zur Annahme der Botschaft von der Gerechtigkeit aus Glauben? Wichtig ist, daß das Wort vom Glauben wirklich allen nahe kommen kann, daß die Bedingungen dafür gegeben sind. „In alle Lande ist ausgegangen ihr Schall" (V. 18). Genau so wichtig ist aber auch, daß diese Bedingungen nicht von Menschen, sondern von Gott geschaffen sind. Durch das „Wort Christi" (V. 17) geschieht Verkündigung. Aber genau an diesem Punkt kommt es bis heute zur Scheidung. Wohl können alle die Botschaft hören, aber nicht alle können sie annehmen. Diese *„Verstockung"* aufzuheben, ist und bleibt Gottes Sache. Wie tröstlich!

Matthias Riemer

18. Sonntag nach Trinitatis

*Römer 14,17–19**

I

Die Neuordnung der gottesdienstlichen Texte hat dem 18. Sonntag nach Trinitatis EKG 247 („Herzlich lieb hab ich dich, o Herr") als Wochenlied gelassen, ein an Psalm 73,25 f anschließendes, die Trias Glaube, Liebe, Hoffnung entfaltendes Gebetslied im Schatten menschlicher Vergänglichkeit, das wir dem

* OLM: –

mehrfach vertriebenen oberdeutschen Pfarrer Martin Schalling verdanken. Auch blieb dem Sonntag das Motiv des Evangeliums erhalten, das Doppelgebot der Liebe, jetzt dargeboten durch die überschaubare Markusperikope (statt Mt 22,34–36). Durch die neuen Texte wird der Sonntag zum Ort der Gesetzes-/Toraunterweisung. Die alttestamentliche Lesung bietet den Dekalog, der Wochenpsalm einen programmatischen Text jüdischer Gesetzesfrömmigkeit (Psalm 1 als Vorwort der Psalmen 1–119). Und wie der Wochenspruch 1. Joh 4,21 die christliche Bruderliebe betont, so schärft die Epistel die Verantwortung der Gemeindeglieder füreinander und den Zusammenhalt der Gemeinde ein, also „das, was zum Frieden dient und der Erbauung untereinander". Juden wie Christen stehen unter der Forderung des Gesetzes. Das Doppelgebot der Liebe bündelt, verinnerlicht und radikalisiert den Willen Gottes, hebt ihn aber nicht auf. Als die Freien werden die Christen gerufen, das Gesetz Christi zu erfüllen (Gal 6,2). Dies geschieht aus dem Geist, geht aber über protestantische Innerlichkeit weit hinaus und will in verantwortlicher Lebensführung und helfendem Handeln Gestalt gewinnen.

II

Die Epistelreihe bietet drei Texte aus dem Abschnitt Röm 14,1–15,13, der den Umgang mit den an Glaubenserkenntnis Schwachen behandelt. Da alles Fleisch der antiken Märkte aus den Tempelkulten kam, stellte sich unausweichlich die Frage, ob Christen dieses Fleisch kaufen oder in heidnischen Häusern essen konnten. Besonders betroffen waren Judenchristen, die aus einer Tradition sorgfältig beachteter Speisegebote kamen. Paulus mußte offensichtlich die schmerzliche Erfahrung machen, daß gerade Essen und Trinken die Christen entzweite. So in Antiochia im Streit mit Petrus (Gal 2,11 ff), in der korinthischen Abendmahlspraxis (1. Kor 11,17–34) und in der Beurteilung des Götzenopferfleisches. Seinen Worten zur Liebe als Mitte des Gesetzes und dem endzeitlichen Charakter der Zeit (Röm 13,8–14) läßt er darum unmittelbar eine Mahnung zum brüderlichen Umgang mit den Schwachen folgen. Offensichtlich sah er in der Götzenopferfleischfrage einen Testfall für die Befolgung des Liebesgebotes. Er argumentiert mit den Starken, teilt ihr Urteil über den Irrtum der „Schwachen", mißbilligt aber ihre Neigung, diese zu verachten. Die Argumentation verläuft in drei Schritten. V. 1–13: Wer als Christ etwas „im Blick auf den Herrn" tut, ist damit grundsätzlich gerechtfertigt (V. 12). Zu urteilen, ob das Verhalten wirklich dem Glauben entspricht, steht nur dem Herrn als endzeitlichen Richter zu.

V. 14–23: Da Christus nach dem Gebot der Liebe richtet, kann es in erster Linie nicht um die Durchsetzung richtiger Erkenntnis gehen, sondern um die Achtung des irrenden Bruders und um ein Verhalten, das die Beziehung des Schwachen zum Herrn nicht gefährdet. (Vgl. 1. Kor 8,1 Die Erkenntnis bläht auf; aber die Liebe baut auf.)

V. 15,1–13: Paulus verweist auf das Beispiel Christi und fordert die Parteien auf, sich zu gemeinsamem Gotteslob anzunehmen (bei gemeinsamen Mahlzeiten?). Paulus fordert mehr als Toleranz. Weil jeder Christ unmittelbar zum Herrn steht, muß in einer christlichen Gemeinde nicht Übereinstimmung in Kult und Lebensführung herrschen. Das Reich Gottes ist nicht Ort und Zeit, nicht Mann und Frau, Jude und Grieche (Gal 3,28), Essen und Trinken, sondern erscheint als Gerechtigkeit, als Friede, als Freude im heiligen Geist. Alttestamentliche Epiphanien klingen an (Ps 85,14; Jes 58,8; 60,1–3). Wo sich Gerechtigkeit und Friede umarmen (Ps 85,11), unser Mund voll Lachens und unsere Zunge voll Rühmens wird (Ps 126,2), bricht Gottes Herrschaft an (vgl. die Seligpreisungen Mt 5,3–12). Doch das Erhabene will sich im Kleinen verwirklichen, in der unscheinbaren Gemeinschaft christlicher Gemeindeglieder. Hier gilt es zu zeigen, wie ernst das Gebot der Nächsten- und Feindesliebe genommen wird. In allen Spannungen und Differenzen will der Geist innerkirchlicher Ökumene wirken, die Leidenschaft für das, was zur Erbauung untereinander dient.

III

Vor meinen Augen steht ein Graffito „Tu was du willst". Harmlos klingt der Leitsatz aus dem Reich der Phantasie in der

Unendlichen Geschichte des Michael Ende. Doch der Satz findet sich bereits bei Aleister Crowley, dem modernen Begründer schwarzer Magie und satanischer Kulte. Jemand hat das gewußt. Er sprüht einen Drachen neben die Inschrift und das Wort „*Erbarmen*". Wo Menschen rücksichtslos ihre Interessen verwirklichen, wo wie in der Konsumgesellschaft das Lustprinzip zur Maxime allgemeinen Handelns wird, zerbricht Gemeinschaft und stirbt das Leben.

Vom Fenster meines Arbeitszimmers sehe ich auf unsere alte Kirche. Behauene Steine türmen sich zu einem kunstvoll gegliederten Bauwerk auf. Tausende von Steinen haben sich einfügen lassen, jeder noch einzeln erkennbar und keiner dem anderen gleich. Handarbeit kannte keine geformte Uniformität und doch entstand ein unverwechselbares Ganzes. Das Kirchengebäude als Abbild der *Gemeinde*, ein Gleichnis harmonischen Zusammengefügtseins. „Denn Gott ist nicht ein Gott der Unordnung, sondern des Friedens" (1.Kor 14,33). Also die Kirchbausteine ein Abbild des Friedens, nicht die in Reih und Glied stehenden Grabsteine des Friedhofs.

Ich betrachte die Rosette eines Seitenfensters. Wie bei einem Rad werden die Speichen von der Mitte zusammengehalten. Ohne sich zu berühren, laufen sie aufeinander zu und bilden so ein Ganzes. Wieder ein gebautes Abbild christlicher Gemeinschaft, deren Mitte allein Christus ist.

OIKODOMÄ (Erbauen, Erbauung), ein durch erbauliches Gerede entstelltes Bild und doch unverzichtbar. Die Gemeinde als Bau Gottes (1.Kor 3,9), Christus das Fundament (1.Kor 3,11; Eph 2,20; 1.Petr 2,4), Apostel und Mitarbeiter als Bauleute (1.Kor 3,10), schließlich die Einzelnen der Gemeinde, die sich als lebendige Bausteine einfügen (1.Petr 2,5), das alles meint mehr als Gemeindeaufbau, es läßt das kommende Gottesreich ahnen. *Kirche* als EKKLESIA, als Aufgebot Gottes, darf nicht hierarchisch gedacht werden, sondern geschwisterlich, synodal. Nur als Konzil kann die eine heilige christliche Kirche in Erscheinung treten. Selbst der Apostel weiß sich einzufügen: Nicht daß wir Herren wären über euren Glauben, sondern wir sind Gehilfen eurer Freude" (2.Kor 1,24).

COMMUNIO SANCTORUM, Gemeinschaft der Heiligen, wird dort gebaut, wo Menschen im Namen Jesu einander stützen und befestigen, belasten und ertragen, ergänzen und zusammenhalten. Selbst der Gottesdienst empfängt von dorther seine Ordnung. „Laßt alles geschehen zur Erbauung!" (1. Kor 14,26).

Diese Mahnung bleibt auch für das gemeinsame Essen und Trinken der Christen in Geltung. *Mahlzeiten* verweisen nicht nur auf einen sensiblen zwischenmenschlichen Bereich, sie sind auch tiefverwurzelte Bilder der kommenden Gottesherrschaft, und sie werden im Abendmahl zum Ort der Begegnung mit dem gekreuzigten und auferstandenen Herrn. Wir essen und trinken als Christen so, daß Gerechtigkeit, Friede und Freude im heiligen Geist zum Ausdruck kommen. Im eucharistischen Mahl werde ich als einzelner angesprochen, bin aber nicht allein. Die Taufe hat mich in die Gemeinde Jesu Christi eingefügt. Lobpreis und Gebet, Friedensgruß und gemeinsamer Empfang bei der Kommunion (im Kreis oder Halbkreis), Essen von einem Brot und Trinken aus einem Kelch vermögen dafür ausdrucksstarke Zeichen zu sein. Die früh erfolgte Ausgliederung des Sättigungsmahles (Agape) konnte erfolgen, weil alles Essen und Trinken unter dem Liebesgebot steht. Die Hungernden kommen in den Blick, Geschichten vom Teilen, Bilder und Plakate von BROT FÜR DIE WELT. Die Kollekte des Paulus für die Armen in der Jerusalemer Urgemeinde will nicht nur als frühes Symbol für die Einheit der Christen verstanden werden, sondern auch als Zeichen des kommenden Friedensreiches und seiner Gerechtigkeit. Und unsere Eß- und Tischsitten? Essen und trinken wir einander zur Erbauung, stärken wir Gemeinschaft und stiften wir Verbundenheit, drücken wir Freude aus und im Tischgebet Dank gegen Gott? Was wird aus unseren Mahlzeiten durch Schnellimbiß und Mikrowelle, Nahrungsmittelüberschuß und Delikatessenboom?

Lied EKG 159 stehe am Schluß:

„Das sollt ihr, Jesu Jünger, nie vergessen: wir sind, die wir von einem Brote essen, aus einem Kelche trinken, alle Brüder und Jesu Glieder.

Wenn wir wie Brüder beieinander wohnten, Gebeugte stärkten und der Schwachen schonten, dann würden wir den letzten heilgen Willen des Herrn erfüllen. Ach dazu müsse seine Lieb uns dringen! Du wollest, Herr, dies große Werk vollbringen, daß unter einem Hirten eine Herde aus allen werde."

Jan Olaf Rüttgardt

19. Sonntag nach Trinitatis

*Epheser 4,22–32**

I

„Ein Arzt ist uns gegeben, der selber ist das Leben: Christus, für uns gestorben, der hat das Heil erworben." – Die vierte Strophe des Predigtliedes (EKG 227 „Nun laßt uns Gott dem Herren") sagt sehr deutlich, was an diesem Sonntag Thema ist: Wir, Menschen unterwegs, suchen das Heil, suchen Leben, mit allem, was dieses Wort umfaßt; doch wo wir auch suchen – wenn wir das Leben finden, dann immer in Ihm, in Christus, der uns zum Leben gerufen hat und uns heilmacht.

Die Lebenszusage Gottes an uns beginnt mit der alttestamentlichen Lesung (2. Mose 34,4–10), wo Mose bittet, daß der Herr in ihrer Mitte mitgehen möge. Er hatte erkannt, daß sein Leben und das des ganzen Volkes eine klare Mitte braucht. „und der Herr antwortete: Siehe, ich will einen Bund schließen" (einen Bund fürs Leben); „vor deinem ganzen Volk will ich Wunder tun", Wunder, die das Leben bezeugen, „wunderbar wird sein, was ich an dir tun werde." Im Evangelium (Mk 2,1–12) wird dann eines dieser Wunder beschrieben: Vier Männer bringen einen Gelähmten. Weil aber so viele zusammengelaufen sind, kommen sie nicht durch bis zur Mitte. Aber sie geben nicht auf, steigen aufs Dach und schlagen die Decke durch. Sie haben den Mut, den Überbau abzubauen, sie trauen sich (sich) herabzulassen. Und Jesus, der ihren Glauben sieht, vergibt dem Gelähmten seine Sünden. Er macht damit sein Leben heil, viel tiefer, als es äußerlich zu erkennen ist. Darum können einige nicht glauben. Aber Jesus, als er erkennt, was sie im Herzen denken, befiehlt, damit auch sie an das Leben glauben, dem Gelähmten aufzustehen, seine Bahre zu nehmen und zu gehen; „und vor aller Augen richtete er sich auf und ging hinaus".

* OLM: (4,30–5,2) 19. Sonntag im Jahreskreis (B)

Wenn wir nicht mehr können, wenn unser Glaube sozusagen gelähmt ist, ob wir dann Menschen finden, die uns zu Gott hintragen? Oder andersherum: Sind wir aufmerksam genug, die mitzutragen, die nicht können, oder müssen sie feststellen: „Herr, ich habe keinen Menschen" (Joh 5,7)?

Jesus heilt, doch auf dem Weg zu Ihm ist der Mensch nicht allein. Wir sind als Kirche, als Gemeinschaft unterwegs – wie, davon spricht der Epheserbrief, dem der heutige Predigttext entnommen ist.

II

Der Epheserbrief, bei dem es sich wahrscheinlich um einen Rundbrief handelt, da als Adressat die Gemeinde von Ephesus in vielen Handschriften nicht erwähnt ist, richtet sich an die Christengemeinden, ohne daß ein konkreter Anlaß zur Mahnung bestanden hätte. Vielmehr wird das Thema Kirche in den Mittelpunkt gestellt. Ähnlich wie der Kolosserbrief, den der Verfasser (vermutlich ein Paulus-Schüler) wohl gekannt und verwendet hat, besteht der Epheserbrief aus zwei Teilen; einem ersten, der mehr der theologischen Darlegung dient, und dem zweiten, der von der praktischen Anwendung spricht. In den Kapiteln 1–3 wird die Kirche und Christus als ihr Haupt dargestellt. Die Kirche ist durch Christus vom Urbeginn an von Gott erwählt (Kap. 1); durch die Taufe sind wir untrennbar mit Christus verbunden und als neue Menschen geschaffen (Kap. 2). Kapitel 3 legt dar, wie Paulus im Geheimnis der Kirche steht.

Im zweiten Teil dann, ab Kapitel 4, werden Ermutigungen und Anregungen gegeben, als Kirche, als Gemeinde des Herrn zu leben. Von Christus als ein Leib zusammengefügt, kann nicht einer allein zum Heil gelangen. Wir brauchen einander. Wir sollen, „indem wir die Wahrheit durch Liebe sagen, das Allsamt auf Christus hin wachsen lassen, der da ist der Kopf: der Messias. Von ihm her wird der ganze Leib zusammengefügt" (4,15 f).

Und so richtet sich der Brief auch ganz konkret an uns heute, an die Gemeinden vor Ort. Helfen wir uns, miteinander auf Christus zuzugehen? Sprechen wir miteinander über unseren Glauben und teilen? „Einst wart ihr Finsternis, jetzt aber: Licht in Eins mit dem Herrn“ (5,8) – ist für uns dieses „jetzt“ Gegenwart?

III

Hören wir, was der Text sagt: „Abzulegen habt ihr – was den früheren Lebenswandel betrifft – den alten Menschen“ (4,22). Wenn ein Arzt sagt: Lassen sie das Rauchen, geben sie das Trinken auf, es schadet ihrer Gesundheit, dann werden wir den Lebenswandel, wohl oder übel, ändern müssen. Hier sagt nun durch die Schrift der Arzt, der viel tiefer weiß, wie es um uns steht: Ändere dich! So geht es nicht mehr. Wir sollen uns „erneuern“ – oder erneuern lassen – „durch ein geistbestimmtes Denken“ (4,23). Darüber nachdenken, und dann in die Tat umsetzen, was der Geist von uns fordert. Hören lernen, wo es lang geht. Und dann im wahrsten Sinn des Wortes „geistesgegenwärtig“ reagieren. „Der neue Mensch, nach Gott geschaffen“ trägt in sich Gottes Bild, wir sollen Ihm ähnlicher werden: „In Gerechtigkeit und Heiligkeit“ (4,24). Gott sagt ja: „Seid heilig, weil ich heilig bin.“ Oder mit dem anderen Wort, wie es zu Abraham gesagt wurde: „Wandle vor Gott und sei ganz“ (Gen 17,1). Wir dürfen und sollen mit unserem ganzen Sein zu Gott kommen, und wenn wir nichts mehr ausklammern wollen, wenn wir mit allen dunklen Stellen und Macken uns zu Ihm trauen, wenn wir kommen als wir selbst, dann kommen wir ganz zu Ihm, der das Heil ist und uns Heil schenkt. Seine Gerechtigkeit heißt dann Erbarmen. Erbarmen für uns, wenn auch wir bereit werden, nicht auf unser gutes Recht zu pochen, sondern barmherzig zu sein; wenn wir unser Herz mit den Schwächen in Berührung kommen lassen und uns selbst nicht heraushalten, nicht sagen: Damit habe ich nichts zu tun; das geht mich nichts an… Wenn ich so gerecht sein will, daß mich nichts berührt, dann findet mich auch die Barmherzigkeit nicht, und dann bin ich auch nicht aus der „Wahrheit“. Die Wahrheit ist Christus, Ihn sollen wir „anziehen“ (vgl. Röm 13,14).

Wenn wir uns an Christus halten, sehen wir, wie wir wirklich sind. Vielleicht tut es weh, die *Wahrheit* zu sehen, aber sie ist ja nicht nur sachlich. Christus ist nicht objektiver Beobachter, ob wir gut oder schlecht sind. Er bringt sich vielmehr selbst ein. Er wirkt in uns, heilt uns, macht uns zu neuen Menschen, ruft uns in seine Nachfolge. Ein „Gebet des hl. Patrick“ bringt sehr tief zum Ausdruck, was es heißen kann, so mit Christus zu leben: „Christus sei mir zur Rechten, Christus mir zur Linken. Er ist Kraft, Er der Friede. Christus sei, wo ich liege. Christus sei, wo ich sitze. Christus sei, wo ich stehe. Christus in der Tiefe, Christus in der Höhe, Christus in der Weite. Christus sei im Herzen eines jeden, der meiner gedenkt. Christus sei im Munde eines jeden, der von mir spricht. Christus sei in jedem Auge, das mich sieht. Christus in jedem Ohr, das mich hört. Er mein Herr, Er mein Erlöser.“

Konsequenz daraus: Wenn ich so mit Christus lebe, muß ich den „Trug ablegen“ und Wahrheit, also von Christus, reden (4,25). Wovon das Herz voll ist, davon läuft der Mund über: Wo einer mit seinem Nächsten redet, ist Christus dazwischen. Nichts ist es wert ausgesprochen zu werden, wenn es nicht näher zu Christus führt. „Denn Glieder sind wir untereinander“ (4,25) – wenn wir uns dessen bewußt bleiben, können wir das Haupt, Christus, nicht heraushalten. Andersherum: Wenn ich in Beziehung zum Haupt stehe, salopp gesagt, wenn die Leitung in Ordnung ist, dann klappt auch die Beziehung untereinander. Ansonsten muß ich schreien: Heile Du mich, Herr.

Wenn wir in Beziehung zu Christus stehen, dann wird aus momentanem Zorn keine Sünde, dann wird die Mücke nicht zum Elefanten aufgeblasen. Dann hat Unmut keine Dauer und dem Bösen wird erst gar nicht Raum gegeben. Der Raum ist einfach schon besetzt mit Christus. Aus diesem Grund, getragen, brauche ich mir dann nichts mehr zu nehmen, mir nichts herauszunehmen, nichts an mich zu reißen (eben zu stehlen, 4,28); sondern ich finde, wenn auch mit einiger Mühe, den Reichtum Christi, und kann dann anfangen zu verschenken: Worte und Liebe – „zum Aufbau, wo man sie braucht“ (4,29), ohne den Geist, der wirken will, zu betrüben (4,30).

Sicher wird es nicht immer so glatt gehen, aber darum ist es ja auch noch einmal deutlich gesagt: Bitterkeit und Wut, Zorn und Lamentieren müssen verwandelt, mit dem alten Menschen ausgezogen werden (4,31), Stück für Stück, auch wenn die Jacke mir noch so gut paßt und ich sie schon so lange trage und gewohnt bin, daß sie mich schützt. Wir brauchen uns ja nicht zu fürchten, bloßgestellt zu werden; im letzten Vers heißt es: „Seid gütig zueinander, gutherzig (von Herzen gut) und schenkt einander Gnade, wie denn auch Gott euch in Christus Gnade geschenkt hat" (4,32). Wieder die Aufforderung: Christus ähnlicher werden, wie Er schenken, wie Er gütig sein, wie Er, mit Herz für die anderen. Vielleicht können wir dann ein altes, aber sicher nicht überholtes Gebet mitsprechen:

Jesus, gütig und selbstlos von Herzen – bilde unser Herz nach Deinem Herzen.

Klara Antons

20. Sonntag nach Trinitatis

*1. Thessalonicher 4,1–8**

I

Der 20. Sonntag nach Trinitatis hat es mit ethischer Paränese zu tun. Dabei kommen sehr elementare Dinge zur Sprache wie das Verbot der Ehescheidung (Mk 10,2–9) oder die strikte Abgrenzung von Unzucht und unredlicher Geschäftsmoral in unserem Predigttext. Der Sonntag will uns aber keineswegs zu nutzlosen Klagegesängen über die Unreinheit und Niederträchtigkeit veranlassen, sondern zu dem strahlenden Jubel des Wochenliedes: „Wohl denen, die da wandeln vor Gott" (EKG 190; GL 614). Wir sollen uns bewußt werden, was es bedeutet, vom Willen des Höchsten bestimmt zu sein, gerade auch in den Niederungen des Lebens.

Außerdem will uns der Gottesdienst aus der chaotischen Verschlungenheit ethischer Probleme in die Klarheit führen. Durch den Wochenspruch Micha 6,8 wird uns mitten im Labyrinth ein Ariadnefaden zugeworfen: „Es ist dir gesagt, Mensch, was gut

* OLM: –

ist und was der Herr von dir fordert, nämlich Gottes Wort halten und Liebe üben und demütig sein vor deinem Gott." Solches Demütig-Sein-vor-Deinem Gott gehört allerdings auch zur Botschaft dieses Sonntages. Der Wochenpsalm bekennt: Ich bin sehr gedemütigt, Herr, erquicke mich nach deinem Wort (Ps 119,107). Wie diese Demut konkret aussieht, wird sich in der Exegese unseres Predigttextes zeigen.

Zum Schluß dann ein herrlicher, uns erhöhender Ausblick in 2. Kor 3,3–9: Der Geist, nicht der Buchstabe soll uns bestimmen. Gott will uns nicht auf starre Imperative festlegen, sondern uns in den Bereich je neuer Klarheit und Heiligkeit aufnehmen. Diesen Bereich können wir nicht einfach begreifen oder ergreifen. Hier geht es um Ergriffenheit. Sie ist an sich unverfügbar. Aber um ihr Raum zu geben, wäre eine Zeit des Schweigens und der stillen Wiederholung eines Hingabegebetes gut. Sie könnte in der Schlußliturgie ihren Platz haben.

II

Mit unserem Predigttext setzt der zweite Teil des 1. Thess ein, die Paränese. Leitwort ist „Heiligung" als Inbegriff für den Willen Gottes. Konkret geht es um das Meiden von Unzucht und unlauterer Geschäftsmoral. Durch zweierlei führt Paulus die Gemeinde auf den Boden der Tatsachen: Sie brauchen die Warnung vor solchen anscheinend tief unter ihrem Niveau liegenden Gefahren. Auch wenn sie ethisch schon auf gutem Wege sind, wie der Schluß von V. 1 ihnen zugesteht.

Zweitens brauchen sie noch eine heteronome Form der Mahnung. Sie brauchen Leitung durch den Apostel, bzw. durch Menschen mit charismatischer Autorität, vgl. Kap. 5, V. 12. Solche Bedürftigkeit führt in die Demut. Freilich zeigt der weitere Kontext, daß die Thessalonicher etwa hinsichtlich der Bruderliebe schon mündig und voll eigener Einsicht sind, und daß man ihnen auch in anderer Beziehung nur noch sagen muß: „Den Geist dämpfet nicht!" (5,19). In ihrer Gemeinde ist gleichsam ein Kraftstrom wirksam, der auf ihre völlige Heiligung hin fließt (5,23 f), kein Paragraphenbuch mit einer dogmatisierten Morallehre.

Unser Abschnitt hat demnach eine verborgene Tendenz zur „Autonomie“-Ethik und zur Gottesunmittelbarkeit, schärft aber zunächst die Heiligung als ethische Aufgabe ein, und zwar in heteronomer Begründung (vgl. O. Hanssen, Heilig, S. 61–63). Was ist Heiligung für Paulus denn nun tatsächlich, unsere Tat oder Gottes Werk? Sie ist Gottes Werk, aber Gott benutzt dabei durchaus apostolische, bzw. charismatische Menschen, auch deren gelegentlich scharfe Mahnungen und Warnungen. Auch diese sind die reinsten Wohltaten. Entwicklungsgeschichtlich steht jedenfalls das Geleitetwerden durch andere Menschen immer am Beginn. Keiner kommt zunächst an der Heteronomie vorbei, wenn er in den Bereich des Göttlichen und Heiligen gelangen will.

III

In der Meditation betrachten wir nun ein leuchtendes Symbol: Ungenau wird es *„Heiligenschein“* genannt, von der (ovalen) „Mandorla“ oder dem (runden) „Nimbus“ herkommend. Gott bzw. Christus ist auf vielen Kunstwerken damit umgeben. Jedenfalls richten wir unseren Blick auf diesen strahlenden Bereich, statt dunklen Intuitionen nachzuhängen. Wir verstehen: Es ist genau der Bereich des Heiligen, von dem unser Text spricht. *Heilig* hängt im Deutschen mit heilen zusammen. Wer Heilung erfährt, wird aus einem Versehrten zu einem Un-versehrten. Aber das Heilige ist noch mehr als das Heile, es ist nicht nur das Un-versehrte, sondern das grundsätzlich Unversehrbare (vgl. J. B. Lotz, Vom Sein zum Heiligen, S. 121). Unseren Gott, bzw. seinen zum Allherrscher erhöhten Sohn kann man gar nicht versehren oder verletzen. Jeder Angriff würde auf den Angreifer selbst zurückschlagen. Und nun will Gott in seiner Güte diesen Schutzbereich nicht nur für sich selbst, sondern er will ihn mit uns teilen. Es ist beinahe so etwas wie der Sinn unseres Lebens, in diese goldene Mandorla mit hineingeholt zu werden. Keiner Waffe, die gegen uns geschmiedet wird, soll ein vernichtender Schlag gelingen, auch wenn wir dunkle Nächte und Ängste genug kennen. Keiner Versuchung – und das ist angesichts unseres Textes besonders zu betonen – soll Erfolg beschieden sein. Freilich, wir merken, wie versuchlich wird sind. Da ist viel Anfälligkeit und Geneigtheit zum Bösen. „Aber Gott ist treu, der euch nicht über eure Kraft versuchen läßt, sondern mit der Versuchung auch ihr Ende schafft, so daß ihr bestehen könnt" (1. Kor 10,13).

Diese Mandorla ist eine Wirklichkeit, keine Illusion. Auch wenn wir sie nur auf Kunstwerken sehen und nicht im Alltag, so ist sie uns realiter ebenfalls so nahe wie unser eigenes, uns verborgenes Herz. Die entscheidende Frage lautet: Wie wird man sich ihrer bewußt, wie wird sie für das eigene Leben bestimmend? Die christliche Spiritualität aller Epochen weiß: Durch treu geübte kurze Hingabegebete, in denen wir uns der Liebe selbst, in denen wir uns Gott überlassen. Daneben brauchen wir wie die Thessalonicher *Seelsorger*, die Paulus gleichen, d. h. vom Geist und nicht vom Buchstaben bestimmt sind, die etwas Befreiendes haben und doch deutliche Paränese nicht scheuen. Nach unserem Text heißt das konkret, die keinerlei Konzessionen machen, was Unzucht und üble Geschäftsmoral betrifft.

Beginnen wir beim Zweiten, denn wir leben in einer Zeit, in der man kaum noch ohne Rechtsanwalt durchkommt. Der ökonomische Amoralismus, die Art, wie man Treu und Glauben täuscht, könnte einen fast zur Strecke bringen. Wenn wir uns nun wehren, weil Recht doch Recht bleiben muß, so gilt es umso mehr, immer vor der Wahrheit bestehen zu können. Auch dürfen wir unsererseits kein uns entgegengebrachtes Vertrauen enttäuschen. „Niemand soll in Geschäften zu weit gehen und seinen Bruder übervorteilen", wobei „Bruder" nicht nur den Mitchristen meint. V. 12 mahnt ja ganz umfassend zur Ehrenhaftigkeit gegenüber „denen, die draußen sind".

Die andere Mahnung will auch unsere Sexualität dem Schutzbereich des Heiligen unterstellen. Beide Gefahren, die hier lauern, sollen auf diese Weise unwirksam werden, sowohl ihre ungesteuerte Entfesselung als auch ihre ebenso verheerende Blockierung. Für letztere sind die persönlichen Tragödien von Hölderlin oder Adalbert Stifter möglicherweise ein Beispiel. Darum muß neben der Warnung das lösende Wort stehen.

Machen wir uns klar, daß der *Reifung*sweg eines Christenmenschen vom Vorrationalen durch das Rationale hindurch ins Überrationale hineinführt. Im Vorrationalen werden wir mit unserem Triebleben konfrontiert. Da stecken wir nicht den Kopf in den Sand. Dieser Bereich mit seinen inspirierenden und vitalisierenden, aber auch mit seinen unheimlichen Kräften gehört zu unserem Dasein. Wir nehmen uns, so wie wir sind, in innerer Wahrhaftigkeit zur Kenntnis. Das heißt noch lange nicht, daß wir alles, was wir da vorfinden, in entsprechende Taten umsetzen. Der Geist führt uns ja als nächsten Schritt auf die rationale Ebene und leitet uns in die Entmythologisierung: So zauberhaft ist die bloß irdische Liebe auch wieder nicht. Tannhäuser zieht von der Venus ernüchtert weiter, Odysseus verläßt Kalypso. Es geht ja um die letzte Bestimmung unseres Lebens, die im Überrationalen liegt, in der untrennbaren Menschen- und Gottesliebe. Der Liebende soll sich von der irdischen Erotik und Schönheit, die als fundamentale Stufe immer bejaht und immer gegenwärtig bleibt, durch den Geist zum Ur-Schönen selbst in Bewegung bringen lassen.

Unser Predigttext konkretisiert diese fundamentale Stufe und ihre emporziehenden Möglichkeiten in V. 4 so: Jeder soll mit seinem eigenen Partner in Heiligkeit und Ehre zusammenleben. Die vorrationale und immer labile Erotik soll mit einer stetigen Bewegung verbunden sein – hin zum Ur-Schönen, zum Herrn in seiner Mandorla. Denn es bleibt ja dabei

Jesus ist schöner, Jesus ist reiner,
der unser traurig Herz erfreut.

Literatur:
Olav Hanssen, Heilig. Die Auseinandersetzung zwischen Paulus und den Korinthern um die ethischen Konsequenzen christlicher Heiligkeit. Diss. Heidelberg 1984.
Johannes B. Lotz, Vom Sein zum Heiligen. Metaphysisches Denken nach Heidegger. Frankfurt/M. 1990.

Joachim Bieneck

21. Sonntag nach Trinitatis

*Epheser 6,10–17**

I

Das Wort von der „geistlichen Waffenrüstung“ als Epistellesung ist gemeinsamer Besitz der Kirchen. Die römisch-katholische Kirche ordnet es allerdings dem 19. Sonntag nach Pfingsten zu, hat den Text also eine Woche früher als die evangelischen Kirchen. Hier war die Epistel bis zur Perikopenrevision von 1977 ohne inhaltlichen Bezug zum überlieferten Evangelientext, der Heilung des Sohnes eines königlichen Beamten (Joh 4,47–54). Nach der neuen Ordnung lesen wir am 21. Sonntag nach Trinitatis die letzten beiden Antithesen aus der Bergpredigt (Mt 5,38–48); die Verbindung der Jesusworte, die so deutlich pazifistische Züge tragen, mit der geistlichen Waffenrüstung ist sehr reizvoll. Sie macht deutlich, daß das Gebot der Feindesliebe nicht etwa meint, daß Kampf und Waffen für den Christen überhaupt kein Thema sind. Dem entspricht dann auch der Wochenspruch: Laß dich nicht vom Bösen überwinden, sondern überwinde das Böse mit Gutem! (Röm 12,21).

II

Unser Abschnitt ist im großen und ganzen von wohltuender Klarheit. Nicht jeder Bibeltext bedarf ausführlicher historischer und systematischer Erklärungen, wenn er in unsere Gegenwart sprechen soll. Mit zwei Schwierigkeiten müssen wir allerdings rechnen: 1. Mancher unter unseren Predigthörern wird einen grundsätzlichen Widerwillen gegen die Redeweise dieses Abschnitts haben. Sollte kirchliche Verkündigung nicht ganz auf militärische Sprachmuster verzichten? Ist es nicht etwas para-

* OLM: –

dox, daß hier, wo es doch offenbar um etwas „Geistliches" gehen soll, dieses Geistliche sich einer Bibelsprache bedient, die aus der militärischen Welt kommt? Ist solch ein geistliches Säbelrasseln dem Glauben angemessen? Dazu mag die Erinnerung kommen, daß die Zeit nicht allzu weit zurückliegt, in der sich die Kirche gerne als heldisch (natürlich im geistlichen Sinne!) darstellte, in der zumal die von der christlichen Jugend gesungenen Lieder fast ausnahmslos eine kämpferische Sprache führten, in der es von Schlachten, Kämpfen, Feldherrn, Fahnen und natürlich vor allem von Siegern wimmelte. Manche dieser Aussagen, auch wenn sie biblischen Vorbildern folgen, diskreditieren sich selbst durch ihr fatales Pathos. Empfindlichkeiten an dieser Stelle sind verständlich und sollten den Prediger dazu bestimmen, den Mund nicht zu voll zu nehmen. Aber fallen lassen können wir das Thema „Kampf" nicht; es gehört zu den Fundamentalwahrheiten unseres Glaubens. Es gibt nun einmal keine Spur von Glauben, keine noch so kleine Regung von Vertrauen, die nicht sofort zur Zielscheibe dessen würde, der Glauben und Vertrauen nicht leiden kann. „Wir stehn im Kampfe Tag und Nacht" (EKG 223,1), das ist einfach wahr; und die Frage, wie wir uns wehren, ist von höchster Aktualität. – 2. Befremdlich in unserer Epistel ist aber auch die Selbstverständlichkeit, mit der sie unseren Gegner als eine übernatürliche Macht ansieht. Wir sind es wohl gewohnt, uns mit Menschen auseinanderzusetzen. Wir kämpfen gegen Weltanschauungen und Strukturen, und das heißt, daß wir unsere Gegner weitgehend durchschauen und analysieren können. Sie sind ja „Fleisch und Blut", wie wir. Unsere Epistel richtet unsere Aufmerksamkeit auf einen Gegner, der gerade nicht „Fleisch und Blut" ist (V. 12). Mag die Redeweise und die ihr zugrundeliegende Vorstellungswelt uns fremd sein – das Phänomen, das hier angesprochen wird, sollte uns vertraut sein. Wer aufmerksam lebt, weiß, wieviel Selbstzerstörerisches unter uns geschieht, im individuellen Leben wie im größeren Rahmen der Gesellschaft, ja, der Menschheit. Wer gegen diese selbstzerstörerischen Kräfte anzugehen versucht, wird bald merken, daß er es mit einem unerhört hartnäckigen Gegner zu tun hat, der durch organisatorische Maßnahmen oder durch Reformen, durch Appelle oder erlernbare Methoden nicht zu beeindrucken ist. Besonders für die „Verführung" (V. 11), der ein ganzes Volk unterliegen kann, haben wir anschauliche Beispiele in Geschichte und Gegenwart, und gerade hier haben die Laokoons mit ihren Warnungen bis heute meistens nur ihre Ohnmacht erlebt. Es hieße also wirklich den Gegner unterschätzen, wenn wir in unserer Predigt nur an den guten Willen der Menschen appellierten. Dem übernatürlichen Feind mit seiner dämonischen Zerstörungswut muß mehr als nur menschliches Bemühen entgegengesetzt werden. Gegen diesen Feind hilft nur die Stärke Gottes, an die uns unsere Epistel gleich mit dem ersten Satz verweist: „Seid stark in dem Herrn und in der Macht seiner Stärke“ (V. 10). Unser Text will uns die ungeeigneten Waffen eigener Kraftanstrengung aus der Hand nehmen und sie durch die allumfassende Waffenrüstung (griechisch ‚panhoplia‘) Gottes ersetzen (V. 11).

III

Für die Meditation eröffnet sich ein weites Feld. Zwei Möglichkeiten sollen im folgenden vorgeschlagen werden. 1. Jede ernsthafte Meditation ist eine Übung der Wachheit. Es gibt keine Meditation, die nicht den Charakter eines *Kampfes* hat. Sie gleicht einem Gefecht mit scharfen Waffen, bei dem jedes Nachlassen der Aufmerksamkeit schlimme Folgen hat. Wer in der Stille die Augen schließt, um präsent zu sein für Gottes Gegenwart und um seinem Wort zu lauschen, wird sehr unmittelbar erfahren, was unserem Text zugrundeliegt. Es wird sich schnell zeigen, wie der Teufel keinen Augenblick nachläßt, uns in unserer Meditation zu stören, zu ermüden und zu entmutigen. Dabei hatten wir unsere Übung mit so viel gutem Willen begonnen! Wir wollten doch wirklich „wachen und beten“! Wir wollten nicht halbherzig meditieren. Aber jetzt spüren wir schon bald, wie schwer es ist, diesem Vorsatz treu zu bleiben. Es scheint wirklich mit dem Teufel zuzugehen. Unsere Gedanken springen „wie die Affen durch die Bäume“ (so hat es Buddha ausgedrückt), sie sind von allem Möglichen besetzt, nur nicht vom göttlichen Wort; unser Leib fühlt sich nicht entspannt, sondern müde und abgeschlafft an. Dazu kommt die Erfahrung, daß alle unsere wohlmeinenden Aktionen, mit denen wir versuchen, uns zu konzentrieren, offenbar vergeblich sind. Aber gerade in solchen Fehlerlebnissen mag uns schmerzlich und zugleich heilsam aufgehen, daß unsere Meditationskünste nicht die geeignete Waffe gegen diesen übermächtigen Gegner sind. Unser ehrgeiziges Machenwollen scheitert. Solche Erfahrungen sind buchstäblich zum Davonlaufen; die Versuchung, die Meditation abzubrechen (oder gar nicht erst mit ihr zu beginnen), ist groß. Aber wer der Erfahrung des Mißlingens nicht ausweicht, wird womöglich ganz plötzlich spüren, wie eine fremde Kraft ihm unter die Achseln greift und ihn das Beschämende aushalten läßt: Die unverfügbare Kraft Gottes, die uns an der Flucht hindert.

2. Meditation ist *Lebenserfahrung*. Nun spricht unsere Epistel nicht nur ganz allgemein von der Waffenrüstung Gottes. Mit einigen Beispielen wird uns gezeigt, wie unser Leib im einzelnen geschützt ist und mit welchen Waffen wir uns wehren können. In der Stille vergegenwärtige ich mir meine Verletzlichkeit. Sie betrifft ja keineswegs nur mein Inneres, meine „Seele" oder meine Gefühle. Unser Leib ist von Kopf bis Fuß beseelt, und unsere Seele durch und durch leibhaftig. Bei dieser Übung, die ich am besten auf dem Boden liegend vollziehe, spüre ich meinen ganzen Körper durch. Im Spüren wende ich mich gerade auch meinen Schwachstellen zu. Den bösen Mächten genügt es ja nicht, mir ein paar verkehrte Gedanken einzupflanzen. Sie haben es darauf abgesehen, daß ich mutlos den Kopf hängen lasse. Jede Spur von Aufrichtigkeit ist ihnen zuwider; sie wollen, daß ich mich in mich selbst verkrümme und vor anderen buckele. Sie machen mir die Knie weich, so daß sie schlottern, und lassen die Gliedmaßen, deren Beweglichkeit eigentlich besonders wichtig ist (Hals, Arme, Hände usf.), erstarren. Sie kennen meine schwachen Stellen: Den Hinterkopf, den Rücken, die weichen Stellen unter den Rippen, und sie wissen um meine „schwache Seite". Es wäre traurig, wenn wir so leibhaftigen Anfechtungen lediglich korrekte theologische Gedanken oder erbauliche Sprüche entgegenzusetzen hätten. In meiner Meditation spüre ich den mir von Gott gegebenen *Schutz*. Ich spüre, wie die Energie Gottes mich durchströmt. Ich spüre, wie sie die Trägheit aus meinen Gliedern vertreibt und meine Füße bereit macht, Schritte zu tun, Schritte, durch die Gottes Friedensbotschaft zu den Menschen kommt. Ich spüre, wie das mir von Gott geschenkte Vertrauen wie ein

Schild wirkt, der mich deckt und an dem die „Brandpfeile“ des Teufels abprallen und verlöschen. Ich spüre die Kraft Gottes in meinen Händen, so daß sie sich gegen all das Niederziehende wehren, das mir meinen Mut nehmen will. So kann ich meinen ganzen Leib durchmeditieren und dabei erspüren, wie eine Kraft in mir lebt, die nichts mit Willensanstrengungen meinerseits zu tun hat, die ganz und gar nicht im Bereich des Machbaren liegt, sondern unverhoffte und überraschende Gnadengabe Gottes ist.

Wer sich in solcher Meditation übt, wird verstehen, warum die Überlieferungen über das Leben der Mönchsväter in der ägyptischen Wüste soviel von den Dämonenkämpfen dieser Männer und Frauen berichten. Auf der anderen Seite aber wird er spüren, wie ihn solche Meditation mit einem Geist nüchterner Tatbereitschaft erfüllt, der sich in den Kämpfen des alltäglichen Lebens, nicht zuletzt auch in den großen gesellschaftlichen Herausforderungen unserer Tage, bewährt.

Reinhard Deichgräber

22. Sonntag nach Trinitatis

*Philipper 1,3–11**

I

Schon im Römischen Meßbuch und ebenso bei Luther ist dieser Epistelext mit dem Gleichnis vom Schalksknecht (Mt 18,21–35) verbunden. Eine innere Beziehung zwischen beiden Texten besteht allerdings nicht. Die Zuordnung ist wie so manches in der Liturgie ganz zufällig (vgl. zur Gottesdienstgestaltung Bd. I,2, S. 303).

---

* OLM: (V. 4–6.8–11) Zweiter Adventssonntag (C)

II

Der persönlich-private Charakter des Textes bringt es mit sich, daß auf den Exegeten keine übermäßigen Schwierigkeiten warten. Nur der Satzbau und die für unser Empfinden etwas überladene Redeweise in den Versen 9–11 erschweren das Verstehen. Auch verlangen Begriffe wie „Gnade“ (V. 7), „Barmherzigkeit“ (V. 8 bzw. mit einem anderen Wort im Urtext in V. 9), „Erkenntnis“ (V. 9) und „Gerechtigkeit“ (V. 11) nach einer sorgfältigen Bemühung um ein treffendes Verständnis und um eine angemessene Übersetzung in die Sprachgewohnheiten der heutigen Gemeinde.

Was Paulus schreibt, ist auf dem Hintergrund seiner römischen Gefangenschaft zu sehen und auszulegen. So verwundert der fröhliche und dankbare Ton, auf den nicht nur dieser Abschnitt, sondern der ganze Brief gestimmt ist. Fast programmatisch steht am Anfang der Dank, der genaugenommen ein Für-Dank ist, sozusagen die Entsprechung zur Fürbitte. Die folgenden Verse zeigen Freude (in treuer Fürbitte für die Gemeinde, V. 4f), Zuversicht (V. 6), Sehnsucht nach einem Wiedersehen (V. 8) sowie eine ganze Reihe von guten Wünschen, die der Apostel in seiner Fürbitte vor Gott bringt: Überströmende Liebe in Erkenntnis und Wahrnehmung (diese Übersetzung wird dem griechischen Text wohl doch besser gerecht als Luthers „Erfahrung“), die Fähigkeit, das Wesentliche, worauf es ankommt, prüfend herauszufinden (Luther: „Daß ihr prüfen möget, was das Beste sei“), und schließlich, daß die Gemeinde vor dem letzten und unerbittlichsten Forum bestehen möchte, dem prüfenden Blick Christi an seinem Tage (V. 9–11).

III

Es wäre gewaltsam, die Fülle der Einzelaussagen einem „Skopus“ unterzuordnen. Allerdings mag man in V. 6 so etwas wie die Mitte des Abschnitts sehen und die einzelnen Aspekte von hier aus beleuchten. Auch in unserer Meditation sollte dieser Vers eine besondere Rolle spielen. Zuvor aber sei noch einer Frage Raum gegeben, die jeder, der einen solchen Text zu predigen hat, für sich selbst beantworten muß: Kann ich mich – ohne Gewalt – auf den Ton einstimmen, in dem dieser Abschnitt verfaßt ist? Ist dies die Art, wie ich für gewöhnlich von meiner Kirche oder auch speziell von meiner Gemeinde und auch zu meiner Gemeinde spreche? Gewiß: Ein solcher Abschnitt darf uns nicht verführen, eine schönfärberische Predigt zu halten. Aber es könnte sein, daß er uns an einer empfindlichen Stelle trifft, bei der Härte, mit der wir manchmal den uns anvertrauten Gemeinden oder auch unserer Kirche überhaupt begegnen.

Entspringt unsere mitunter schon habituelle Unzufriedenheit einem prophetischen Auftrag, der uns die Schwächen unbarmherzig aufdecken und tadeln heißt? Oder kommt unser Kritizismus aus der Maßlosigkeit selbstgesetzter ehrgeiziger Ziele? Oder ist er vielleicht nichts anderes als schlechte Laune, eine Projektion unserer Unzufriedenheit mit uns selbst auf die Gemeinde? Mangelt uns gerade die liebevolle Wahrnehmung (V. 9!), die in aller menschlichen Schwachheit Gott am Werk sieht und ihm zutraut, daß er sich in seinem Wirken von keiner Macht der Welt hindern läßt und zu seinem Ziel kommen wird?

Für unsere Meditation tun sich verschiedene Möglichkeiten auf. Auf der einen Seite können wir uns einzelnen Aussagen des Textes zuwenden. Unser Abschnitt ist reich an Edelsteinen, über die wir nicht achtlos hinweggehen sollten. Drei Beispiele seien hier genannt: 1. Der Kernsatz „und habe die feste Zuversicht, daß der, der in euch das gute Werk angefangen hat, es auch zu Ende führen wird bis zum Tag Christi“ (V. 6). Dieser Satz lenkt unseren Blick auf das Tun Gottes. Er leitet uns an, in aller menschlichen Geschichte der Kirche, unserer Gemeinde, Gott als das heimliche Subjekt zu sehen. Ein Gesichtspunkt aus der Epistel des vorangegangenen Sonntags (Eph 6,10–17, zur Meditation dieses Aspekts vgl. S. 301) klingt darin noch einmal an. Was Paulus hier sagt, ist ein kräftiger Trost für alle, die befürchten, das Ziel nicht zu erreichen. Wieviele meinen, aus Erfahrung zu wissen, daß keine Erneuerung in ihrem Leben Bestand hat. Die Geschichte, die uns erzählt, wie Petrus über das Wasser zu Jesus geht und schließlich ans Ziel kommt (Mt 14,22–33), mag unserer Meditation zur Veranschaulichung dienen.

2. Das Gebet des Apostels um ein Wachsen der Liebe (V. 9) enthält vom griechischen Text her ein eindrückliches Bild: Es

geht um das Überlaufen eines vollen Gefäßes. Man mag dabei das Überströmen von Brunnenschalen vor Augen haben und an C.F. Meyers berühmtes Gedicht über den Römischen Brunnen denken.

3. Schließlich mag uns V. 10 besonders anziehen: Prüfend herausfinden, was das Wesentliche ist. Stilles, liebevolles Betrachten, das dem ehrgeizigen wie dem ängstlichen Wunschdenken den Abschied gegeben hat, das solches Denken buchstäblich „läßt“, wird sich in den verschiedensten Situationen als eine Hilfe bewähren, die uns davor bewahrt, dem schönen Schein und damit dem Unwesentlichen zu erliegen.

Neben diesen auf Details gerichteten Meditationsgängen kann eine einfache Grundmeditation dazu helfen, uns in den Geist, in die Atmosphäre unseres Abschnittes einzustimmen. Ich stelle mir in der Stille die mir anvertraute Gemeinde vor und betrachte sie, wie es A. de Saint-Exupéry einmal ausgedrückt hat, „im Schweigen meiner Liebe“. Im Geist wandere ich durch die Straßen und suche die Menschen in ihren Häusern auf: Die Kirchentreuen und die Kirchenfremden, die großen Familien und die oft einsamen Alleinstehenden, die Angesehenen und die Vernachlässigten oder gar Verachteten, die Älteren und die Jüngeren und natürlich auch die Kinder. Ich vergesse diejenigen nicht, die gerade abwesend sind: In einer Klinik oder auf Geschäftsreise, zu Studienzwecken oder im Bundeswehr respektive Zivildienst. Was ich hier in Gedanken tue, kann ich natürlich auch ganz realiter machen: Zu tiefer Nachtstunde, wenn kein Lärm mehr herrscht und wohl niemand mehr draußen ist, durch die Straßen gehen, langsam, liebend, dankend und bittend. So schließe ich sie alle ein in das Schweigen meiner Liebe. Ich lasse die fatale Neigung, alles und jeden zu beurteilen, fahren. Mein Blick will sich konzentrieren auf Gottes gutes Werk, auf das, was er angefangen hat, und was er auch zu Ende, zur Vollendung führen wird.

Ich halte nach dem Ausschau, was durch Gottes Güte im Leben dieser Menschen gerade auch unabhängig von meiner eigenen Wirksamkeit als Pfarrer oder Priester oder Prediger geschieht. Ich werde still über dem Wunder dieser so vielfältigen menschlichen Lebensgeschichten, deren heimlicher Autor Gott ist. Der Blick auf die Biographie ist jedenfalls eine gute Hilfe, um einen Menschen wirklich als ein von Gott wunderbar geschaffenes Kunstwerk wahrzunehmen und nicht in den eigenen oft so kleinlichen Gefühlen der Sympathie oder Antipathie gefangen zu bleiben. Immer mehr fällt das Wertende von mir ab. Ist es nicht in Wirklichkeit eine Last, wenn ich jeden Menschen bewerten muß?

So wird sich auch mein eigenes Verhältnis zu den Menschen neu bestimmen. Je mehr ich staune über das, was Gott da unaufhaltsam wirkt, desto freier kann ich auf die Menschen zugehen, desto weniger muß ich befürchten, daß ich sie mit meiner ungeistlichen Unzufriedenheit und Nörgelei entmutige und lähme. So aber wird der Meditierende, der so oft ein Hindernis auf der „Baustelle Gottes" ist, am Ende vielleicht doch zu einem Werkzeug, an dessen Freude die Gemeinde wächst, an Zahl wie an geistlicher Reife.

Reinhard Deichgräber

23. Sonntag nach Trinitatis

*Philipper 3,17(18–19)20–21**

I

Den 23. Sonntag nach Trinitatis feiern wir nur in den Jahren, in denen Ostern vor dem 3. April liegt. Im Wochenspruch (1. Tim 6,15.16) wird das Thema des Sonntags genannt: Die Majestät Gottes gegenüber der Vorfindlichkeit dieser Welt. Dieser Gedanke wird im Evangelium (Mt 22,15–22) besonders deutlich: „So gebt dem Kaiser, was des Kaisers ist, und Gott, was Gottes ist." Alle Macht dieser Welt hilft nicht; es ist allein die Güte Gottes, die aus dem Tode errettet (Ps 33,13–27), auch wenn es nur zehn wären (1. Mose 18,20–33). Unser Predigttext steht im Span-

* OLM: (3,17–4,1) 2. Fastensonntag (C)

nungsfeld dieser Gedanken und beschreibt die Prägung der Menschen, die „irdisch" gesinnt sind, und die Prägung derer, die sich von Jesus Christus den Himmel als Heimat setzen lassen.

Das für diesen Sonntag vorgesehene Lied EKG 223/GL 304 („Zieh an die Macht, du Arm des Herrn") von Friedrich Oster fällt durch seine „streitbare" Terminologie auf und trifft sich darin mit der dritten Strophe des Psalmliedes 179 („In dich hab ich gehoffet, Herr"), das ansonsten die gnädige Zuneigung Gottes und die Fallstricke dieser Welt besingt.

II

Die Einheitlichkeit des Philipperbriefes ist in der Forschung umstritten. Einige Ausleger gehen davon aus, daß Phil aus mehreren – einst selbständigen – Briefen zusammengesetzt ist. Einig sind sich diese Ausleger, daß in Phil 3,2 von Paulus eine härtere Gangart eingeschlagen wird. Aber umstritten ist, wo dieser Abschnitt endet. Mit letzter Sicherheit läßt sich weder die Einheitlichkeit noch die Aufteilung in mehrere Briefe beweisen. Auch ist nicht genau feststellbar, wer denn die Gegner sind, gegen die Paulus anschreibt.

G. Friedrich hat vorgeschlagen, das „aus einem Guß" bestehende Kapitel 3 in zweifacher Richtung zu verstehen:

1) Im ersten Teil (Phil 3,4 ff) entfalte Paulus Gedanken in der ihm eigenen Begrifflichkeit;

2) im zweiten (Phil 3,12 ff) sage er seine Vorstellungen mit Worten, welche die Gegner gebrauchen.

Dabei werden die Gegner in Phil 3,18.19 auf dreifache Weise charakterisiert:

1) Sie sind Feinde des Kreuzes;
2) ihr Bauch ist ihr Gott;
3) ihre Herrlichkeit besteht in der Schande.

Paulus setzt dem Verhalten der Gegner sein Beispiel entgegen (3,17). Christliches Leben ist eine offene Bewegung auf ein jenseitiges Ziel (3,20). Es setzt die Verwandlung dieses irdischen Seins voraus (3,21). Geprägt ist dieses neue Sein durch Leiden und Kreuz Christi. Die ethischen Ermahnungen (3,12–16) haben nicht als Ziel ein Vollkommenheitsideal, das schon in diesem

Leben Sicherheit und Geborgenheit gibt. Ethisches Handeln zielt auf ein offenes Leben – auf Gott hin und von ihm her – mit all den darin enthaltenen irdischen Unsicherheiten.

Zwar nimmt die vorgeschlagene Auslassung der Verse 18 und 19 dem Text die Schärfe, aber sie unterbricht auch den Gedankengang: Wir alle sind auf dem Weg; mancher leidvolle Weg führt in die Heimat, mancher abgesicherte ins Elend.

III

In der Meditation wollen wir den Wörtern nachgehen, die Paulus benutzt. Wir wollen ihre Wurzeln freilegen und ihre ursprüngliche Bedeutung anklingen lassen, damit deutlich wird, aus welchen „Eindrücken" diese „Ausdrücke" erwuchsen.

Wir sind auf der Straße unseres Lebens. Wonach können wir uns ausrichten? Nachahmer sollen wir werden. In dem von Paulus benutzten Wort klingt auch die andere Seite an: Nach-„äffen". Der Schritt vom Nachahmen zum Nachäffen scheint sehr klein. Wer ihn geht, gibt seinen eigenen Weg auf. Wenn wir etwas von Paulus nachahmen sollen, dann gewiß dieses, daß jeder Mensch seinen eigenen Weg geht, damit wir nicht als Kopien enden, wo wir doch alle als „Originale" geboren sind. Dabei, so bemerkt Paulus, sollen wir so unseren Weg gehen, „wir ihr uns als Vorprägung habt". Paulus verwendet das Wort ‚typos'. Wir kennen die Typen einer Schreibmaschine und nennen einen Menschen mit leichter Verachtung, aber auch einem Stück Bewunderung „eine Type". „Geprägt" sind wir, so ist aus dem Wort zu hören, und Prägen ist ein Vorgang des Schlagens. Sein Leben, meint Paulus, ist ein vom Leid und Kreuz Christi geprägtes Leben. Das heißt auch, daß Menschen, die mit Gott um dieses Leben ringen, von ihm „geschlagene" Menschen sind (1. Mose 32,26). Ein jeder, der sich vom Leid und Kreuz Christi prägen läßt, ist im buchstäblichen Sinne des Wortes ein von Gott „gezeichneter" Mensch. Wir sind dann „humpelnd" (1. Mose 32,32) auf dem Weg.

Wen meint Paulus nun mit „Feinden des Kreuzes"? Sind das immer nur andere Menschen, oder ist das Gemeinte auch an unseren eigenen Lebenssituationen festzumachen? Vielleicht dann, wenn wir nach Lebenswegen suchen, auf denen wir das Leid scheuen und meiden. Es könnte doch bedeuten, daß wir auf unserem Weg lernen, mit dem Leid umzugehen, anstatt es zu umgehen.

Wir suchen nach Sicherheit und Vollkommenheit und ahnen, daß es keine Versicherung gegen Leid gibt. Dieses Suchen nach handfester Sicherheit nennt Paulus: „Ihr Bauch ist ihr Gott." Dabei verwendet Paulus das Wort ‚koilia'. Es bedeutet auch „Mutterleib" und war in seinem Ursprung ein Ausdruck für „Höhle". Darin wird nun sichtbar, wonach wir uns im Innersten sehnen. Es müßte ein Leben geben, das so geschützt und geborgen ist wie die Zeit, als wir noch im Leib der Mutter waren; „so entsteht in der Welt etwas, das allen in die Kindheit scheint und worin noch niemand war: Heimat" (Ernst Bloch). Ungeschützt durchs Leben zu gehen ist schwer. Wenn wir diese Geborgenheit entbehren, dann suchen wir nach sichtbarem Halt. O. Michel beschreibt dieses Denken und Handeln als „das Verhaftetsein an die Eigenart und Gebundenheit der menschlichen Leiblichkeit in dieser Welt". Ihren Sinn bekommen diese Worte dann, wenn wir begreifen, daß es eine Oberflächlichkeit gibt, die sich auswirkt wie ein Gefängnis: Dann bin ich „verhaftet" und „gebunden".

Wir dienen nur noch uns selbst und halten uns an das Sichtbare. Das meint Paulus, wenn er unseren *Bauch* unseren Gott nennt. Was aber in unserem Leben ist dann noch offen? Nichts mehr. Im Gegenteil: Das Leben, das sich mit Recht nach einer Heimat sehnt, sie aber in all diesen Gebundenheiten sucht, nimmt dem Dasein den *Glanz* (doxa). Wenn der uns von Gott zugedachte Glanz aus unseren Augen weicht und verblaßt, dann gleichen wir einem Spiegel, der blaß geworden ist und nicht mehr zurückwirft, was an Glanz auf ihn fällt. Verblaßtes Leben nennt Paulus Leben in Schande. Zwar drückt der Glanz Gottes auf unser Leben, aber er bringt es auch zum Strahlen. Es ist ein Lichtglanz aus einer anderen Welt, der in uns heilt, was zerrissen ist. Zu Hause fühlen wir uns in ihm, weil wir geschützt und dennoch offen leben können.

Paulus verstärkt das noch, indem er einen Ausdruck aufnimmt, der einem Menschen das Anrecht auf Heimat zuspricht. Unsere Heimat ist in den Himmeln, und Himmel heißt Heimat in Gott. Das ist nicht nur vage Hoffnung. Wir haben darauf ein

Anrecht, daß uns der Himmel offen ist. Dorthin ging unser Retter heim, aus dieser Heimat ist er zu uns auf dem Weg.

Verwandelt werden wir, schreibt Paulus. Der „niedrig liegende" Leib wird erhöht. Krummem Holze wird aufrechter Gang zugesagt. Glanzloses Leben findet seine „Anmut" wieder, nicht aus sich heraus, sondern gemäß dem Wirken des Messias.

Literatur:
Ernst Bloch, Das Prinzip Hoffnung, Gesamtausgabe Bd. 5, Suhrkamp Frankfurt am Main, 1977, S. 1628.

Hans-Helmar Auel

24. Sonntag nach Trinitatis

*Kolosser 1,(9–12)13–20**

I

Während die evangelische Kirche weiterhin die Sonntage nach der Osterzeit, nach dem Sonntag der Dreifaltigkeit als „Sonntage nach Trinitatis" feiert, bezeichnet die katholische Kirche ihre Sonntage außerhalb der Festkreise als „Sonntage im Jahreskreis" und versieht sie mit der laufenden Zahl. Es gibt 33 bzw. 34 Sonntage im Jahreskreis. Sowohl die evangelische als auch die katholische Kirche verstehen den Sonntag als den „Tag des Herrn", als einen Feiertag der christlichen Gemeinde. In der Sonntagsfeier wird die Gemeinde als „Kirche am Ort" sichtbar. „Nur wenn sie zusammenkommt, ist es möglich, daß sie in der Feier des Wortes und der Eucharistie ihrer Herkunft und Zukunft gedenkt und in der Gemeinschaft mit ihrem Herrn im Heiligen Geist dem Vater dankt und ihn preist" (Richter, S. 50). Es versteht sich, daß im Sonntagsgottesdienst etwas vom festli-

* OLM: (V. 12–20) Christkönigssonntag (C); (V. 15–20) 15. So. im Jahreskreis (C)

chen Charakter zum Ausdruck kommen und der Sonntag selbst als ein „Tag der Freude und der Muße“ erlebt werden sollte.

In der Reform der evangelischen Leseordnung war man bemüht, den Sonntagen nach Trinitatis ein deutlicheres Profil zu geben; sie erhielten durch die Zuordnung der Lesungen einen thematischen Akzent. So stehen am 24. Sonntag nach Trinitatis, dem heutigen, die Totenerweckung und das ewige Leben im Mittelpunkt der Verkündigung. Auch wenn es eine Zeit zum Sterben gibt, wie es in der heutigen Lesung heißt, kann der Mensch sein Leben erfüllt verleben, denn er ist auf Ewigkeit hin ausgerichtet; kein anderer, sondern Gott selbst hat den Menschen „die Ewigkeit in ihr Herz gelegt“ (Pred 3,11) und sie von der Macht der Finsternis errettet und „tüchtig gemacht zu dem Erbteil der Heiligen im Licht“ (Kol 3,12). Als ein Zeichen, daß sich die Macht Gottes auch über den Tod erstreckt, ist die Auferweckung der Tochter des Vorstehers zu verstehen. Nur durch den Glauben ist diese Macht Gottes zu begreifen. So wie der Glaube des Vorstehers die Voraussetzung für die Auferwekkung seiner Tochter ist, so ist es auch der Glaube, der uns von der Macht der Finsternis rettet und in das Reich des Sohnes Gottes versetzt.

II

Nicht durch Paulus, sondern Epaphras kam das Christentum nach Kolossäa. Ob Paulus auch der eigentliche Autor des Kolosserbriefes ist, darüber sind die Exegeten geteilter Meinung. Der direkte Anlaß für die Redaktion dieses Briefes ist eine christlich-jüdisch-synkretistische Irrlehre, eine „Philosophie“ (Kol 2,8), von der die Gemeinde heimgesucht wurde. Ihre Merkmale, ein Gefühl der Brüchigkeit kosmischer Ordnungen, Schuld an dieser Bedrohung haben die „Weltelemente“. Man muß sie günstig stimmen. Wenn auch diese Lehre der direkte Anlaß für die Verfassung des Briefes ist, beschränkt sich der Verfasser keinesfalls nur auf ihre Bekämpfung, sondern entwickelt angesichts dieser Bedrohung positiv seine christliche Verkündigung. Die Christusbotschaft wird zum ersten und zentralen Thema des Schreibens. Christus ist der universale Erlöser der Menschen.

Die Christologie ist die Mitte des Briefes. Die Perikope des heutigen Sonntags, vor allem die Verse 15–20, bilden den theologisch gesehen wichtigsten Teil des Briefes. Es ist der Christushymnus, in dem gewisse Parallelen mit dem Christuslied im Philipperbrief 2,6–11 nicht zu übersehen sind. Sein Ursprung ist in den kleinasiatischen Gemeinden zu suchen, sein „Sitz im Leben" dürfte die Tauffeier der Gemeinde sein.

Der Mensch von sich allein ist unfähig, sich selbst zu erretten, zu erlösen. Dies kann nur Gott durch seine Macht bewirken. Er hat den Menschen der Macht der Finsternis, was soviel heißen kann, wie dem satanischen Machtbereich, an dessen Ende der Tod steht, entrissen und in das Reich seines Sohnes versetzt, was soviel bedeutet wie in das Reich des Lichtes und des Lebens hineingeführt, ein Reich von ewig währendem Charakter (13,14).

Wie bereits erwähnt, sind die Verse 15–20 als ein Hymnus zu verstehen, in dem Christus mehrere Namen bekommt: Bild des unsichtbaren Gottes, Erstgeborener, Haupt, Anfang. Er erhält auch kosmologische und soteriologische Funktionen, denn durch ihn ist alles erschaffen, „das Sichtbare und das Unsichtbare", er hat uns auch die Erlösung bewirkt, die Vergebung der Sünden geschenkt. Die Erlösung erwirkte der „Erstgeborene" am Kreuz durch sein Blut. Hier versöhnte er die ganze Schöpfung und stellte den verlorengegangenen Frieden wieder her. Wobei dieser Friedenszustand nicht als innerweltliches Geschehen, sondern im Sinne des paulinischen Gedankengutes als Versöhnung mit Gott verstanden werden muß. Dieser Versöhnung wegen wird von der Schöpfung gesprochen. Nicht die Schöpfung, sondern die Erlösung ist der primäre Anlaß, von der Herrschaft Christi zu sprechen. Diese Herrschaft ist in der Kirche Wirklichkeit geworden und kann dort erfahren werden, darum wird die Kirche sein Leib genannt. Die Kirche hat die Pflicht, das Evangelium weltweit zu verkünden, eine Pflicht, die in der Taufe begründet ist. Damit sich aber die Gemeinde/die Kirche nicht allzu selbstherrlich gibt, wird sie daran erinnert, daß ihre Versöhnung mit Gott erst durch die Vergebung ihrer Sünden geschah, die Jesus durch sein Blut am Kreuz erworben hat.

III

Noch tiefer wird man die heutige Epistel verstehen können, wenn man sie mit einem anderen biblischen Text, mit der Urgeschichte vom *Sündenfall*, in Verbindung bringt. Sie gehört wohl zu den bekanntesten biblischen Geschichten. Im Paradies, umgeben vom Licht ihres Glücks, leben der erste Mann und die erste Frau und, obwohl sie nackt sind, schämen sie sich voreinander nicht. Da sie in einer Harmonie mit Gott und sich selbst leben, brauchen sie weder ihre Nacktheit zu verbergen, noch sich zu verstecken, in die Dunkelheit zu flüchten. Weil sie schuld-los, unschuldig sind, ertragen sie gut das Licht. Alles aber ändert sich schlagartig, als sie, von der Schlange verführt, das Gebot mißachten, das Gott ihnen auferlegt hatte. Jetzt heißt es von ihnen: „Sie erkannten, daß sie nackt waren" (1.Mose 2,7); sie versuchen, ihre Nacktheit zu verbergen, indem sie sich aus Feigenblättern einen Schurz machen. Aber nicht nur das, sondern sie suchen nach einem Ort, an dem sie glauben, sich für Gott unsichtbar und unauffindbar machen zu können. Sie suchen nach einem *Versteck*. Bekanntlich sind Verstecke keine leicht zugänglichen, sichtbaren Orte, sozusagen auf dem Berge liegende und vom Licht angestrahlte Orte, sondern eher Stätten, die dem menschlichen Auge verborgen sein sollten, darum sind es oft abgeschiedene Orte, die von Dunkelheit umgeben sind und in denen Finsternis herrscht. Über einen begrenzten Zeitraum kann man sich an einem solchen Ort aufhalten, will man aber überleben, dann bedarf man des Lichtes. Ein Mensch, der von Dunkelheit umgeben in der Finsternis lebt, unterbricht meistens jegliche Kommunikation mit seiner Umwelt, entfremdet sich von ihr und auch von sich selbst, wird verletzbar und verurteilt sich zum Sterben. Finsternis und Dunkelheit werden meistens in der Bibel mit *Sünde* in Verbindung gebracht, sie gelten als Folge der Sünde.

Da die ersten beiden Menschen in der biblischen Urgeschichte stellvertretend für alle Menschen stehen, bedeutet ihre Sünde, daß es nicht nur sie waren, die sich gegen Gott aufgelehnt, ihm entfremdet, ihre Nacktheit erkannt haben und vor ihm in die Dunkelheit eines Versteckens geflüchtet sind, sondern die Finsternis ihrer Sünde erfaßte und umhüllte alle Menschen. Der außerhalb des Paradieses, des Lichtes, in der Dunkelheit seiner

Sünde, von Gott getrennte, von daher auch verletzbar und dem Tod ausgelieferte Mensch erkennt seine Lage, möchte dem Tod entfliehen, ans Licht gelangen und zur Harmonie mit sich selbst und Gott finden. Doch von sich allein schafft er es nicht. Es ergeht ihm ähnlich wie einem Küken, das aus dem Nest herausgefallen ist und aus eigener Kraft dieses Nest nicht mehr erreichen kann, sondern jemanden braucht, der es heben und wieder ins Nest hineinsetzen kann.

Es ist Gott, der dies mit dem gefallenen Menschen tut. Er tut es durch seinen Sohn, der sein Ebenbild ist; denn nur Gott allein vermag den Menschen, der durch seine Auflehnung gegen den Willen Gottes das *Paradies* verloren hat, das Reich des Lichtes zu schenken. Daß Gott es „durch ihn alles mit sich versöhnte, es sei auf Erden oder im Himmel“ (Kol 1,20), ist nicht von ungefähr, sondern weil sein Sohn, anders als der erste Mensch, sich nicht gegen Gott auflehnt, sich ihm nicht entfremdet, sondern seinen Willen tut. Auch er erlebt dabei einen Augenblick der Furcht, als ihn beim Gebet am Ölberg eine Vorahnung überfällt, wie hart die Probe ist, die ihm bevorsteht und die mit dem Willen Gottes gleichzusetzen ist. Obwohl sein Schweiß Blutstropfen ähnelt, willigt er ein in das, was Gott mit ihm vorhat, denn er sagt: „Nicht mein, sondern dein Wille geschehe“ (Lk 22,42). Diese Erfüllung des Willens Gottes erfolgte auch dann bald am Kreuz. Der durch den ersten Menschen verursachte Unfriede, der dem Tode ausgelieferte Mensch und die in Disharmonie geratene Schöpfung finden durch den Tod am Kreuz zum *Frieden* wieder. Ein Mangel an Liebe wird durch diesen Tod nachgefüllt. Denn das Kreuz hat auch diese Aussage: Der Mangel an Liebe, den der erste Mensch ans Licht legte, wofür der waagerechte Balken des Kreuzes (Minuszeichen) zeichenhaft gelten mag, wurde durch den zweiten Menschen nachgefüllt, wofür der senkrechte Balken stehen mag. Gott selbst durchkreuzt die menschliche Schuld. So wird der Mensch, der sich durch die Sünde, durch Mangel an Liebe Gott und sich selbst entfremdet und der Finsternis des Todes ausgeliefert hat, mit Gott versöhnt. Er findet zum Frieden, zum Reich des Lichtes, in dem der, der ihn und die ganze Schöpfung versöhnt hat, selbst Herrscher ist. Diese Herrschaft gilt einem Reich, in dem alles vom Licht der Liebe umstrahlt ist.

Literatur:
K. Richter: Was ich vom Kirchenjahr wissen wollte, Freiburg/Basel/Wien 1982.

Alexius Nowak

Drittletzter Sonntag des Kirchenjahres

*Römer 14,7–9**

I

Der Wochenspruch: „Siehe, jetzt ist die Zeit der Gnade, siehe, jetzt ist der Tag des Heils“ (2. Kor 6,2b). Im Evangelium (Lk 17,20–24) geht es um die Zeit jetzt und um den Zeit-Punkt, um das Quantum jenes Rätsels, das wir (Lebens-)Zeit nennen, aber auch um die Zeichen (V. 20), die dem Zeit-Punkt vorausgehen. Psalm des Sonntags ist der 90. Psalm, mit dem viele Menschen unmittelbar „leben und sterben“ assoziieren. Das Wochenlied EKG 123 „Wir warten dein, o Gottes Sohn“ nimmt die Frage nach dem Zeit-Punkt auf. „Wie lange noch?“ „Warten“ entspricht hier dem biblischen „Wachet und betet“. November, Allerheiligen, Sterben, Begräbnis, Friedhof. Das sind die unmittelbaren Assoziationen. Doch ist der Sonntag nicht geprägt durch die Volkstrauertagsthematik. Es kann ausgiebig, ausschließlich und ohne Kasualzwänge das Evangelium ausgelegt werden. Wie lautet es?

II

Die wenigen Sätze sind eingebettet in die Thematik von den Schwachen und den Starken (V. 1–6), die in V. 10 nun aufs neue

* OLM: 24. Sonntag im Jahreskreis (A)

in einem Imperativ aufgenommen wird: „Du aber, was richtest du deinen Bruder?"

In V. 6 benennt Paulus als ehrenwerte Motivation: Was sie tun, tun sie beide „im Blick auf den Herrn" (V. 6). Eben dieser Gedanke wird nun vom „Essen" und „Beachten der Tage" ausgeweitet bis ins „Leben" überhaupt; ja, bis in das Sterben. Auch Leben und Sterben steht unter einem „im Blick auf den Herrn". Christen tun nichts „sich selber" (V. 7), sie leben und sterben also nicht „im Blick auf sich selbst" (vgl. V. 6). Sie leben und sterben „dem Herrn", also Jesus Christus (V. 8).

V. 9 ist ein erläuternder Zusatz, mit begründendem „denn" eingeleitet. Seine Botschaft: Christus ist Herr über Lebende und Tote (vgl. Phil 2,8.9). Eben dies ist Ziel und Sinn von Jesu Leben, Sterben und Auferstehung.

III

Paulus entsprechend „gehöre" auch ich Jesus Christus. Diese Zugehörigkeit wird selbst von der sonst so „allmächtigen" Grenze des Todes nicht tangiert. Das darf heute zu Menschen gesagt werden, die sich anschicken, die Familiengräber in Ordnung zu bringen (November!). Die Botschaft will weder aufregen noch abwiegeln, sie „ist" der Trost! Menschliches *Leben* lebt von *Beziehungen*, angefangen von der zur Mutter, schon vor der Geburt beginnend. Bald kann man die Mutterbrust entbehren, später auch die ständige Anwesenheit der Mutter; und einige Jahre später verläßt man „Vater und Mutter" (1. Mose 2,24) – um alsbald und glückselig in eine neue Beziehung, eine Liebesbeziehung zu treten.

Wir sind zu Beziehungen geschaffen bzw. bestimmt. Der autistische und narzißtische Mensch, dem Beziehungen nicht gelingen, ist krank. Ein Mensch, ich, soll nicht – aber möchte auch nicht – als singuläre Monade durch die Welt irren. Mein Leben erfüllt sich in unterschiedlichen Beziehungen. Die Minderung von Unabhängigkeit und *Autonomie* wiegt das Glück einer gelingenden Beziehung nicht auf. Sich binden dürfen an einen Menschen ..., so auf ihn zu hören, daß man ihm – in dieser oder jener Weise – „gehört", das ist Glück, Lebenserfüllung. Eben dies gilt für den Glaubenden auch „im Blick auf den Herrn“. Wir sind „des Herrn!“.

Die beiden Aussagen in V. 8 basieren auf der Voraussetzung in V. 7. Ist die Behauptung in V. 7 zutreffend? Der Mensch lebt, wenn er wirklich lebt, nicht in und für sich. Werner Bergengruen: „Ich bin nicht mein, du bist nicht dein, niemand kann sein eigen sein...“ Wieviel von dem, was wir tun, tun wir im Blick auf den anderen! Der Tischschmuck, die ausgesuchte Mahlzeit – all das geschieht oft um eines Menschen willen. Freude wecken, Freude empfangen – das macht das Leben reich. Wer konsequent sich selber lebt, kann nicht einmal mehr seinen Reichtum „genießen“. Der Egomane verfehlt sein Leben. Er verkümmert. Allerdings bleibt gültig: Wer nicht allein sein kann, ist auch nicht gemeinschaftsfähig, beziehungsfähig.

„Dem Herrn leben“ – wie und wo? Durch wirkliches Leben zunächst, in unserer Welt, die dieser Herr bekanntlich „liebte“ (Joh 3,16). Halbherzig zu leben heißt nicht: „Dem Herrn leben.“ Das muß das Bewußtsein vom Ende des „Schemas“ dieser Welt (1. Kor 7,31) nicht ausschließen. – Der Kyrios = Herr ist Person, redet, erwartet, schenkt tröstet...; wie auch der Glaubende! Sie werden einander „begegnen“ auf dem Wege, den der Glaubende geht, mit ihm: Im Hören, im Beten, im Lobpreisen.

„Dem Herrn leben“, das bedeutet also zuerst: Aus ihm und durch ihn leben. Gerade in der hörenden, schweigenden, betrachtenden Meditation kann dies zur bestimmenden Erfahrung werden. Ich meditiere die bekannten Worte in EKG 128,6 („Gott ist gegenwärtig“): „Du durchdringest alles“. Das bewußte Annehmen des Tages nach dem Erwachen, die Bejahung all dessen, was zu meinem Leben gehört, schöne und schmerzliche Fakten, auch die geistlichen Güter – all das hilft meiner selbst als beschenkt gewahr zu werden; und zu einer entsprechenden Gestaltung des Alltags zu kommen.

„Dem Herrn leben“, das heißt für ihn leben. „Für“ in dem Sinne: „Ich hab' es gern für Dich getan.“ Die Liebe zu dem anderen beflügelt die Willigkeit und Fähigkeit, für ihn etwas zu tun. „Ihm leben“ – da ist der Abstand zwischen den sporadischen Akten des „für ihn“ zerschmolzen zu einem Ganzen. Das Tun „für“ ihn und das Tun an sich kommen zur Deckung. – Für den Herrn leben, das schließt Erfüllung ein, u. U. auch in belastenden Lebensumständen.

„Dem Herrn leben", das heißt auf ihn hinleben. Man meditiere sein Leben als „Weg"!..., auf dem einer voraufgeht („lasset uns aufsehen..." Hebr 12,2). Das befreit aus Perspektivenlosigkeit. Die Frage nach dem Wohin des Lebens klärt sich. Bekannt ist das jüdische Du-Lied (beachte auch die Vertonung von St. Erentrud):

„Wohin ich auch gehe – Du!
Wo ich auch stehe – Du.
Immer nur Du und wieder Du und immer Du.
Du, Du, Du!..."

Also dialogisch „dem Herrn leben"; nicht diskursiv; vokativisch, nicht indikativisch. Gregor von Nyssa: „Du, den meine Seele liebt!"

„Dem Herrn leben" meint: „Dir uns lassen ganz und gar..." (EKG 109; „Gott der Vater wohn uns bei"). Vergleichbares geschieht auch in der Liebe unter Menschen: „Jemandes eigen werden."

„Dem Herrn *sterben*". Hier stockt die Feder. Wer dürfte sich äußern außer dem, der Sterbe-Erfahrungen hat?! „Kann" man sie haben? Sterben geschieht so häufig wie Geboren-Werden. Jedes Sterben ist dennoch besonders, anders, einmalig. Es kann grausig, und es kann festlich sein. Es gibt gesegnetes Sterben, wie auch immer die Umstände sein mögen.

„Dem Herrn sterben", das fängt an im Leben; schon weil Sterben überhaupt im Leben anfängt („Ins Leben treten, heißt in den Tod eingehen", Laotse).

Es ist – in der Regel – aber auch unlösbar verknüpft mit „dem Herrn leben". Das „selige Stündlein" darf nicht isoliert gesehen werden.

„Dem Herrn sterben", so kann man nur sprechen, wenn der Herr lebendig ist. Einem toten Herrn stirbt man nicht (vgl. auch Röm 5,7)! Er wäre kein Garant für Zukunft, in der Stunde meines Todes. Darum gründen V. 7 und 8 unseres Abschnitts in V. 9! Dem lebendigen Herrn kann man entgegensterben! (vgl. mittelalterliche Bilder und Ikonen: Christus führt Adam und Eva aus dem Totenreich heraus). Sterben – eingehen in ein „Totenreich"? Das ist, als zöge ich in ein unbekanntes, unbewohntes, einsames Haus. Wie völlig anders ist es, wenn mich ein Hausherr erwartet! Das „beflügelt" – und beeinflußt das Leben.

„Wer die Menschen lehren würde zu sterben, der würde sie lehren zu leben“ (de Montaigne, in: Heinz-Mohr, S. 101). „Wer seinen Tod in sein Leben hineinnimmt, dem bleibt nichts stehen außer dem Echten und Wirklichen“ (A. Delp SJ, in: Heinz-Mohr, S. 102). Daran kann sich entscheiden, ob wir reifen, statt nur zu altern. Die ars moriendi (Kunst des Sterbens) ist also immer auch ars vivendi (Kunst des Lebens) – und umgekehrt!

Dann gilt also auch: „Wer nicht stirbt, eh er stirbt, der verdirbt, wenn er stirbt“ (J. Boehme, in: Heinz-Mohr, S. 107). Oder: „Es gibt nur einen Weg aus dem dunstigen, verfilzten Dschungel, in dem der Kampf um Ehre, Macht und Vorteil geführt wird – aus den dich umstrickenden Hindernissen, die du selbst geschaffen. Und dieser Weg heißt: Zum Tod Ja sagen“ (Dag Hammarskjöld, in: Heinz-Mohr, S. 104).

Literatur:
Werner Bergengruen, „Die heile Welt“. Zürich 1950, S. 178.
Das Du-Lied u. a. in: P. Ringeisen, „Auf Gottes Klopfzeichen hören“, 1982, S. 92.
Gerd Heinz-Mohr, „Vom Licht der letzten Stunde“, 1986, S. 101 ff.

Alfred Peters

Vorletzter Sonntag des Kirchenjahres

*Römer 8,18–23(24–25)**

I

Unter den Sonntagen, die namenlos geblieben lediglich gezählt werden, steht der Predigttext gegen Ende des ‚semester ecclesiae‘. Die alte Unterscheidung des ‚semester Domini‘ vom ‚semester ecclesiae‘ weist auf die gute Zeitnahme der geltenden Verheißungen Gottes innerhalb der kalendarischen Zeitrechnung hin.

* OLM: (V. 18–23) 15. Sonntag im Jahreskreis (A); (V. 14–23) Allerseelen

Die Gottesdienste von den Adventssonntagen bis zu Karfreitag, Ostern und Pfingsten hin thematisieren das offenbare Heil durch die Person, das Wort und das Werk Jesu Christi. In der Folgezeit der Trinitatissonntage erschließt die Kirche das Wort ihres Kyrios/Herrn durch die Antwort der ‚kyriacae'/Kirche in einer ausgesprochen ethisch-eschatologischen Weise.

Diese Zeit ist zu Unrecht als die festlose Zeit gelernt worden. Es gehört ein wenig Phantasie dazu, den Namen dieser Kirchenjahreszeit in den Gemeindegottesdiensten Gestalt zu verleihen.

Die Katholische Kirche zählt diese Sonntage nach Pfingsten, die Evangelische nach dem Trinitatisfest. Alle Sonntage im Kirchenjahr führen zu einem Fest hin oder kommen von einem Fest her. Trinitatis, der Tag der heiligen Dreieinigkeit bzw. Dreifaltigkeit gibt den Grundtenor im ‚semester ecclesiae' an.

Daß der vorletzte Sonntag im Kirchenjahr vom Ende her bestimmt wird, verleiht ihm ein zusätzliches Achtergewicht. Der volkskirchliche Brauch der Folge von Volkstrauertag, Buß- und Bettag, Totensonntag hat den Gerichtscharakter dieser Zeit zum Memento mori der Novembertage hin trivialisiert. Den vorletzten Sonntag der Trinitatiszeit von seinem Anfang und von seinem Ende her gleichermaßen zu bedenken, läßt erkennen, wie aus der Umkehr zum Leben eine Hinkehr zu den Toten geworden ist.

II

Innerhalb dieses liturgisch gesteckten Rahmens der trinitarischen Zeit ist Röm 8,18–23(24–25) zu lesen, zu übersetzen und zu verstehen; das bedeutet, es sind Sprach- und Sprechübungen des Glaubens zu unternehmen, um sich dem Geheimnis Gottes anzunähern.

Lesen heißt hier zu buchstabieren beginnen, laut lesen und sich der großen und kleinen „grünen (Begriffs-)Männchen" (Natur, Umwelt, Schöpfung, Ökologie, Ökonomie) erwehren, die den Predigttext an sich reißen wollen. Wer seinen Text sorgfältig gelesen und erlernt hat, ist auf diese souffierenden Stimmen, ihre Einsprüche und Argumentationsketten nicht angewiesen. Nicht die Perikope des Römerbriefes hat sich vor dem

Einspruch einer konstatierten ökologischen Krise oder angesichts einer drohenden genoziden Katastrophe zu rechtfertigen. Vielmehr hat der Mensch als homo faber und homo sapiens, mit seinem Handeln und seiner praktischen Vernunft gegenüber dem Anspruch und Zuspruch der biblischen Botschaft Rechenschaft abzulegen über seine gottlose Frömmigkeit: Will ich als der erste Hörer meiner Predigt dieses Pauluswort gelten lassen, mir selbst persönlich zusagen lassen – meinem Kopfe, meinen Händen, meinem Herzen?

Ist das getan und die Perikope wie ein deutsches Lied gelernt und nun gegenwärtig, ist auf das Überschießen des Predigtabschnittes zu achten.

Auch der Predigtabschnitt hat wie der ihm zugewiesene Sonntag eine Herkunft und Zukunft: Von woher kommt solche Redeweise des Paulus? Worauf will das hinaus? Ich greife auf den Gebetsruf in V. 15 zurück. Christi Werk hat sein Ziel in der Gotteskindschaft. Sie ist das vom Geiste Gottes selbst gewirkte neue Leben. Dieses macht die Existenz aus dieser Erbschaft aus, mitzuleben, mitzuleiden und schließlich mitverherrlicht zu werden. V. 18 nimmt diese wechselvolle Erfahrung auf, weitet sie auf die gesamte Schöpfung aus und stellt sie in den eschatologischen Horizont der Geschichte Gottes. Gottes Geist selbst konstituiert – wie in der ersten Schöpfung – dieses neue Leben, diese Gotteskindschaft als Hoffnungsgut. Das Mandat zu hoffen gilt allen Geschöpfen.

III

Es gehört zum Auftrag des Getauften, dies auszusprechen und sich immer wieder in stammelnder Vergewisserung des ihm erteilten Mandats zu vergewissern. Dieses Tun geht nicht in Umweltpolitik der politischen Parteien oder von mutigen Bürgerinitiativen auf! Die *Parteilichkeit* der Gotteskindschaft weiß um die Programmatik des Betens inmitten der seufzenden Mitgeschöpfe und lernt möglicherweise von Albert Schweitzer. In seiner eschatologisch orientierten Ethik kommen nicht nur Menschen, sondern auch Pflanzen und Tiere vor.

Nicht einem Zurück-zur-Natur, auch keinem noch so fortschrittlichen Ökologieprogramm ist das Wort zu reden. Den Baum zu umarmen, das Tier vor dem Schlachten um Verzeihung zu bitten, schafft nur neue magische Naturmythen und ignoriert die globalen Lebenszusammenhänge. Es geht auch nicht um eine neue Sinnbestimmung menschlicher Vernunft. Ihre Abgründe und Höhen, ihre Verhaftung in der Sünde lassen sie scheitern. Paulus sagt eben nicht, daß alles am Menschen hänge. Auch der konziliare Prozeß der Bewahrung der Schöpfung, der Erhaltung des Friedens und der sozialen Gerechtigkeit, so notwendig er geboten ist, deckt nicht die Botschaft unseres Predigttextes ab.

Das wehende *Seufzen* der Geschöpfe, das sehnsüchtige Harren der ganzen Schöpfung, über die der Schöpfer selbst das „Siehe-es-war-sehr-gut" gesprochen hat, hängt wie eine Tür der Hoffnung zwischen den beiden Angeln des Heilswillen Gottes und des Christusgeschehens. Christus selbst hat diese Tür zur Geschichte der Schöpfung aufgestoßen. Nun heißt es, hineinzugehen und umzukehren vom eigenen Tun wie vom eigenen Unterlassen. Deren Bilanz – vom latenten Suizid bis zum selbst heraufbeschworenen Genozid – lautet: Todesdienst. Umkehr heißt Aufbruch in die Christusnachfolge, das von ihm hinterlassene und gestiftete Erbe der Gotteskindschaft auf Erden anzutreten.

Darin zeichnet sich bereits der Aufriß des Gottesdienstes am vorletzten Sonntag im Kirchenjahr für die Predigt ab. Wird von Trinitatis her durch das Glaubensbekenntnis als Taufbekenntnis, durch die Eröffnung (Im Namen Gottes…) wie durch den Segen (Es segne und behüte euch…) der trinitarische Charakter bewußt ausgestaltet, so daß aus den vertrauten Formeln die Erstreckung des Glaubens der Gemeinde sichtbar und hörbar wird, so tritt seine Tauferinnerung hervor: Die unaufgebbare Zusage des dreieinigen Gottes am Lebensanfang in der Gemeinde (vgl. Röm 6), die keine Bedrohungen und Gefährdungen des Lebens, nicht einmal der Tod, zu widerrufen vermögen. Damit thematisiert Röm 8 die Konsequenzen dessen, was mit Röm 6 auf den Weg gebracht worden ist!

Mit der Predigtperikope stellt sich gleichsam als Hintergrund der Schöpfungsglauben der hebräischen Bibel (1. Mose 1–2; 6–9, in der Weisheit, bei den Propheten) ein. Das Sabbatgebot trägt diesen Glauben der Juden bis auf den heutigen Tag. Der

Vordergrund des paulinischen Briefabschnittes gewinnt auf diesem Hintergrund die Tiefenschärfe, die für die Predigt als Gotteslob der Kinder Gottes erforderlich ist.

Deshalb sei von der Gottesherrschaft die Rede, vom Anbruch seines Reiches angesichts der Nichtigkeitserfahrungen menschlichen Herrschaftswillens in Natur und Geschichte. Katastrophenmeldungen und Kriegsgefahren müssen auf der Kanzel nicht wiederholt werden; sie sind der Gemeinde aus den Zeitungen und Medien bekannt; auch ihre ursächlichen Erforschungen, ihre Vermeidbarkeit. Zu radikalisieren wäre die Konfrontation des Heilswillens Gottes, seines Herrschaftsanspruches auf seinen Kosmos mit dem gottlosen Herrschaftswillen des Menschen: Das Fortschreiten des Reiches Gottes mit dem ungebrochenen Fortschrittsglauben des Menschen, nur das Beste zu wollen, das nächste Mal es besser zu machen, aus Fehlern zu lernen, Irrtümer einzugestehen, Unrecht auszugleichen, Kriege zu vermeiden.

Der Prediger muß dem schönen Paulustext nicht noch den Gegentext der Wirklichkeit zur Seite stellen; den besitzt die Gemeinde bereits.

Den besonderen Anlaß des Sonntags empfehle ich ausschließlich der Fürbitte. Der Übergang vom Heldengedenktag zum Volkstrauertag beschreibt heute einen zweiten Gesinnungswandel, dem die vom Kriege betroffenen Menschen – was den „Sinn ihrer Opfer“ anbelangt – nur schwer folgen können. Sie büßen unter dem Verlust des Lebens, das sie betrauert haben, unter dem Verlust des „Todes-Sinns“, ohne den Weg der Buße gefunden zu haben. Im Alter bricht bei vielen lebensgeschichtlich dieser doppelte Schmerz erneut auf.

Klaus Dirschauer

Buß- und Bettag

*Römer 2,1–11**

I

Die Liturgie des Buß- und Bettages ist vom Thema der Umkehr und Buße bestimmt. Im Evangelium mahnt uns Jesus zur Umkehr, bevor es zu spät ist (Lk 13,1–9). Psalm 51 ist der traditionelle Bußpsalm, der in keiner Bußliturgie fehlt. Er wird David in den Mund gelegt, „als der Prophet Natan zu ihm kam, nach dem sich David mit Batseba vergangen hatte" (V. 2). So beten wir mit David zu Gott, er möge alle Schuld von uns abwaschen und uns ein reines Herz schenken. Im Bewußtsein unserer Schuld wenden wir uns an Gott, damit er sie uns vergebe und so einen neuen Anfang ermögliche. Wir bitten Gott um „einen neuen, beständigen Geist" (V. 12), damit wir in Treue seine Wege gehen können. Denn unser unbeständiges Herz neigt immer wieder zur Sünde. Gott muß uns mit seinem Geist erfüllen, wenn unser Leben gelingen, wenn es Gottes Willen entsprechen soll.

II

In Röm 1,18–32 hatte Paulus die Verfallenheit der Heiden geschildert. Nun geht er in 2,1–29 zur Anklage gegen die Juden über. In unserem Abschnitt spricht er von Gottes unparteiischem Gericht. Während Gottes Zorngericht an den Heiden bereits wirksam ist, will Gott die Juden noch zur Umkehr führen. Doch wenn der Jude dasselbe tut wie der Heide, dann wird er ebensowenig dem Gericht Gottes entgehen. Der Jude kann „aus seiner Vorzugsstellung nur dann Gewinn ziehen, wenn er sein gerichtswürdiges Tun aufgibt und umkehrt. Tut er dies nicht und verhärtet sein Herz, trifft ihn Gottes Zorn erst recht"

* OLM: –

(Stuhlmacher 39). Juden und Griechen werden in gleicher Weise nach ihren Werken gerichtet. Der Jude ist nur insofern bevorzugt, als ihm Gott in seiner Geduld Gelegenheit zur Buße geben will.

III

Wenn wir am Buß- und Bettag die Verse aus dem Römerbrief hören, dann sind wir die Juden, denen Paulus ins Gewissen redet, daß sie keinen Vorteil haben vor den Ungläubigen. Paulus warnt uns davor zu richten. Wer richtet, der verfällt dem Gericht. Denn er ist ja auch nur Mensch, er ist auch nicht besser als der, über den er richtet. Das *Gericht*, das über den Richtenden kommt, ist jedoch nicht etwas, das Gott von außen hereinbrechen läßt. Es ist vielmehr die innere Konsequenz aus dem Richten selbst. Wer über andere richtet, sieht von seiner eigenen Sündhaftigkeit weg. Er projiziert seine Fehler auf den andern. Und somit verweigert er jede Selbsterkenntnis. Das Richten ist für ihn eine Flucht vor der eigenen Wahrheit. Ein junger Mönch fragte einst einen Altvater, warum er denn immer über andere richte. Da antwortet ihm der Altvater: „Weil du dich noch nicht selbst kennst. Denn wer sich selber kennt, der sieht die Fehler der Brüder nicht“ (Apophthegma 1011). Wer richtet, tut so, als ob er selbst vollkommen wäre. Er ist blind für die eigenen Fehler und Schwächen. Paulus geht davon aus, daß der Richtende dasselbe tut, wie der, über den er richtet. Er würde gar nicht richten, wenn er nicht dieselben Fehler hätte. Indem ich über andere richte, spreche ich letztlich immer von mir. „Deine Sprache verrät dich ja“, sagt die Magd zu Petrus (Mt 26,73). Das gilt nicht bloß vom Dialekt, der die Herkunft anzeigt. Es gilt in einem tieferen Sinn: Alles, was wir über andere reden, deckt den eigenen Zustand mit auf. Indem wir über andere reden, reden wir immer über uns.

Das Richten ist deshalb so gefährlich, weil es uns davon abhält, umzukehren. Solange wir richten, sind wir mit den andern beschäftigt und lenken von uns selber ab. Wir verweigern die ehrliche *Selbsterkenntnis* als die entscheidende Voraussetzung für Umkehr und Buße. Doch, so sagt uns Paulus, wir können dem Gericht Gottes nicht entrinnen. Wir werden uns selbst zum Gericht. Das ist die innere Konsequenz aus dem Richten. Mangelnde Selbsterkenntnis führt zur Selbstgerechtigkeit, zur Blindheit gegenüber der eigenen Menschlichkeit. Den Blinden und Stolzen, den Selbstgerechten und Starren trifft Gottes Zorn, nicht von außen, sondern von innen. Sein Leben wird starr. Seine Gefühle verdunkeln sich. Er schneidet sich selbst ab von Gefühlen wie Liebe und Milde. Bald wird er nicht mehr nur andere richten, sondern auch sich selbst. Er wird gegen sich und gegen die ganze Welt wüten. Weil er seine Menschlichkeit mit ihren Fehlern und Schwächen nicht annehmen kann, wird er zornig gegen sich selbst. Er wird selbst ganz Zorn, und Gottes Zorn wird über ihn hereinbrechen. Irgendwann gibt es eine Katastrophe und sein ganzes illusionäres Lebensgebäude bricht zusammen.

Paulus verweist uns auf die Geduld und Langmut Gottes und auf den Reichtum seiner Güte. Gott will nicht unsern Zusammenbruch, sondern unsere *Umkehr*. Von Gott sollen wir Geduld und Langmut mit uns selbst lernen. Unsere Ungeduld und Unbarmherzigkeit mit den eigenen Fehlern haben ja zum Richten über andere geführt. Wenn wir lernen, mit uns selbst geduldig zu sein, dann kehren wir um von unseren Irrwegen. Wer richtet, der verbaut sich selbst die Umkehr. Gottes Güte will uns zur Umkehr bewegen. Wenn wir an Gottes Güte glauben, werden wir selbst gütig, wir gehen dann gut mit uns um, verurteilen uns nicht, wenn wir einen Fehler machen. Wir halten ihn vielmehr in die Güte und Barmherzigkeit Gottes. Der Blick auf Gottes Güte befreit uns von dem richtenden Blick auf uns selbst, der uns nur in Traurigkeit und Depression stürzt. Er schenkt uns einen milden Blick, der vergeben kann, weil er von Gottes Vergebung her auf uns selbst schaut.

Umkehr heißt im Griechischen metanoia, umdenken, seinen Geist, seine Gesinnung ändern, umdrehen. Die Umkehr beginnt also im Geist, im Denken. Wir müssen zuerst lernen, uns selbst und unser Leben mit andern Augen anzuschauen, nicht mehr mit dem richtenden und verurteilenden Blick, sondern mit dem barmherzigen Blick Gottes. Und wir müssen unsere Gedanken verändern. In unserem Denken soll Gott Raum haben. Anstatt in den Gedanken nur um uns zu kreisen, anstatt ständig über andere zu urteilen, anstatt uns von leidenschaftlichen Gedanken beherrschen zu lassen, sollen Gottes Gedanken in uns sein. Die frühen Mönche haben daher als ihre Form der Meditation die sog. *ruminatio* (Wiederkäuen) entwickelt. Sie haben sich ständig ein Wort Gottes vorgesagt, damit ihr Denken ganz und gar vom Wort und vom Geist Gottes bestimmt und geprägt wird. Der Mensch wird das, was er denkt. Wir werden nach Gottes Willen nur leben können, wenn zuvor unser Geist von Gottes Wort verwandelt und geheilt worden ist, wenn unser Denken dem Geist Gottes entspricht. Umdenken heißt aber auch, daß wir die Richtung unserer Gedanken ändern. Wir sollen unser Denken auf Gott richten, wir sollen alle Gedanken Gott hinhalten. Für die Mönchsväter war die Zerstreuung eine große geistliche Gefahr. In der Zerstreuung, so sagen sie, gehen wir spazieren in den Räumen unserer Phantasie. Wir schließen uns in unseren eigenen Gedankenspielen und Phantasiereisen ein. Umkehr heißt, daß ich alle meine Gedanken Gott hinhalte, daß ich mein Denken Gott öffne. Dann wird alles in mir auf Gott bezogen. Gefährlich ist die Beziehungslosigkeit, in der ich unverbindlich meinen Gedanken nachhänge. *Meditation* heißt für die Mönche, meinen Geist auf Gott richten, alles in die Beziehung zu Gott halten. Dann wird es gebunden, geheilt, ganz.

Wenn das *Denken* von Gott geprägt wird, dann kann ich auch mein *Handeln* nach Gott ausrichten, dann kann ich in meinem Tun immer wieder umkehren. Umkehren heißt, die Richtung ändern, den richtigen Weg gehen, neu anfangen, wieder aufstehen, wenn ich gefallen bin. Viele kehren nicht um, weil sie ihre Fehler falsch deuten. Wenn sie einen Fehler machen, sind sie enttäuscht über sich und geben sich auf. Wie Elija legen sie sich dann nieder und sagen sich: „Ich bin ja auch nicht besser als meine Väter“ (1. Kön 19,4). Weil sie nicht an Gottes Güte glauben, können sie auch mit sich selbst nicht gütig sein. Sie verurteilen sich selbst und bleiben liegen. Sie geraten in den Teufelskreis von Sünde und Selbstverurteilung. Ihr Denken und ihr Tun wenden sich immer mehr von Gott ab und geraten auf eine abschüssige Bahn, von der sie sich selbst nicht mehr zurückholen können. Die Umkehr in einem neuen Verhalten, in einem neuen Tun ist nur möglich, wenn wir zuerst umgekehrt sind in unserem Denken.

Unser Tun prägt aber auch unser *Denken und Fühlen.* Das zeigt Paulus, indem er die Folgen unseres Tuns beschreibt. Wer beharrlich Gutes tut, wer Herrlichkeit, Ehre und Unvergänglichkeit erstrebt, der erhält von Gott ewiges Leben. Wer Gutes tut, dessen Leben bekommt eine andere Qualität. Sie wird geprägt von Herrlichkeit und Ehre und von Unvergänglichkeit. Wenn wir gut und richtig handeln, dann wird in uns etwas hell und klar, dann erfahren wir uns anders. Gott wird uns nicht erst im Tod Ehre und Herrlichkeit schenken, sondern schon jetzt. Das Gute, das wir tun, gibt unserem Leben den Geschmack der Freude und zugleich den Geschmack der Ewigkeit. Denn das Gute, das wir tun, ist beständig. Es vergeht nicht wie das Böse. „Herrlichkeit, Ehre und Friede werden jedem zuteil, der das Gute tut“ (V. 10). Wer Gutes tut, der stimmt mit sich und mit Gott überein und so kann er in sich Frieden spüren. Er ist mit sich im Einklang und so mit Gott und mit allen Menschen in Frieden.

Wer selbstsüchtig nicht der Wahrheit, sondern der *Ungerechtigkeit* gehorcht, dem widerfährt Zorn und Grimm. „Not und Bedrängnis wird jeden Menschen treffen, der das Böse tut“ (V. 9). Mit drei Merkmalen wird hier das böse Verhalten beschrieben: Mit Selbstsucht, mit Ungehorsam der Wahrheit gegenüber und mit Ungerechtigkeit. Der Böse handelt selbstsüchtig. Er sieht nicht auf die andern, sondern nur auf sich und seinen eigenen Vorteil. Er ist ungehorsam der Wahrheit gegenüber. Er will die Wirklichkeit nicht sehen, wie sie ist. Er macht sich seine eigene Wahrheit zurecht und handelt danach. Und er ist ungerecht. Er tut nicht das Rechte, er handelt nicht so, wie es richtig ist, d.h. wie es dem Wesen des Menschen und wie es Gott entspricht. Das ungerechte und selbstsüchtige Tun hat Zorn und Grimm, Not und Bedrängnis zur Folge. Wer das Böse tut, wird immer mehr von negativen Emotionen beherrscht. Zorn und Groll nehmen überhand. Und in ihm wird es eng, Angst macht sich breit. Er ist nicht mehr ganz, sondern auseinandergerissen, hin- und hergezerrt. Und so ist er voller Unruhe und Unfrieden.

Paulus will uns einladen, den Weg der Umkehr zu gehen, unser Denken auf Gott zu richten und uns in unserem Tun nach Gottes Willen auszurichten. Dann wird unser Leben hell und klar, dann werden wir etwas von der Herrlichkeit Gottes in unserem Leben spüren, dann wird Ewigkeit schon mitten in unserer Zeit erfahrbar.

Anselm Grün

Letzter Sonntag des Kirchenjahres/ Ewigkeitssonntag

*Offenbarung 21,1–7**

I

Die Aufgabe der Apokalypse des Johannes ist es, den Standort der Welt-Gemeinde ein oder zwei Generationen nach Kreuz und Auferstehung Christi zu bestimmen. Es geht also darum, wie angesichts der überraschend lange ausbleibenden Wiederkunft Christi weder weltflüchtig noch todessüchtig das Leben zu gestalten sei. Es gilt, eine gesteigerte Verantwortung für die Geschichte wahrzunehmen, und zwar in Distanzierung zu den Werten des Imperium Romanum. Die Frage, die im Anschluß daran auch in unseren Gottesdiensten gestellt werden muß, ist, wie angesichts der in der heutigen Welt maßgebenden lebensverneinenden Kräfte Hoffnung und Kraft gewonnen werden können.

Und diese Frage gilt dem einzelnen angesichts des erfahrenen Schmerzes über den Tod und der ganzen Welt angesichts der Erfahrung von Krieg, Umweltkatastrophen und Ungerechtigkeit. Die Geschichte ist mehr, als ich erfahre, das Leben mehr als die durch den Tod abgeschlossene Biographie.

Am Ewigkeitssonntag geht es nicht nur um die Fürsorge an Trauernden, sondern auch um die Verkündigung der Zukunft Gottes. Aber im Heute kann der Traum, die Vision des Johannes

* OLM: (V. 1–5 a) 5. Sonntag der Osterzeit (C); Jahresgedächtnis einer Kirchweihe

nicht ungebrochen nachgeträumt werden. Sollen auch in Zukunft, in Gottes Reich, alle Tränen getrocknet sein, so kann es in der Gegenwart gerade wegen dieser Hoffnung geboten sein, Mut zu machen, den Schmerz über das, was ist, zuzulassen.

Auf diesem Hintergrund bietet sich als Eingangspsalm Ps 90,1–4.12–14 an. Als Lesung schlage ich statt des Evangeliums Pred 3,1–8 vor. Im Unterschied zu Mt 25,1–13 scheint er mir als Kontrast der jetzt erlebten Zeit, zu der Vision der Zukunft mit Gott, den realen geschichtlichen Verhältnissen besser Rechnung zu tragen. Auch vermeide ich durch diese Auswahl eine christologische Überhöhung der Juden und Christen geltenden Vision des Predigttextes und stelle eine Anfrage an allzu ungeduldigen Aktionismus. Handeln und Geduld gehen Hand in Hand!

Als Lied zur Predigt schlage ich EKG 80,4/GL 225 („Erschienen ist der herrlich Tag") und Lieder für Kirchentage, Frankfurt 1987, Nr. 12 vor. Auch sei auf die neue Übertragung der Johannes-Apokalypse durch W. Jens verwiesen.

II

Die Offenbarung des Johannes ist auch ein Bilderbuch zum Ersten Gebot. Sie erinnert an Stellen wie Röm 13 und Apg 5,29 und verkündet: Auch am Ende der Welt, auch im Tod, auch inmitten des täglichen Sterbens in den ungerechten Strukturen heute, ist nur Gott allein Herr; die Herren der Welt werden fallen. Besonders Offenbarung 21 sieht vor diesem Hintergrund individuellen und gesellschaftlichen Tod wie die Errettung aus beidem eng zusammen. Der Text bezieht Natur und Geschichte als Geschöpfe Gottes in diese Befreiung ein. Der Schöpfungsgeschichte am Anfang entspricht die Neuschöpfung am Ende der Bibel. Die Herren dieser Welt müssen fallen, nicht erst am Ende der Geschichte; aber das entläßt uns nicht aus der politischen und gesellschaftlichen Verantwortung, entschuldigt weder Individualisierung noch Spiritualisierung unseres Glaubens. Gott ist Ursprung, Inbegriff und Ziel aller geschichtlichen Vorläufe.

Vielleicht gerade deswegen ist die Johannes-Apokalypse das einzige prophetische Buch des NT. Wir dürfen es nicht den

Sekten und Schwärmern unserer Zeit überlassen. Wer immer der Autor gewesen sein mag – am ehesten im Umkreis einer „johanneischen Schule" –, er schreib um 100 n. Chr. aus der Situation eines nach Patmos verbannten Christen aus palästinensisch-syrischem Umkreis, der an einem Sonntag den Auftrag zur Niederschrift bekam und dem Ruf in einem Zustand der Ekstase folgte.

Zum Verständnis ist ebenso der Hintergrund der jüdischen Apokalyptik wie der gesamtbiblische Kontext nötig. Insgesamt will das Buch aber angesichts des erwarteten Endes dennoch zuerst die Gegenwart verstehen helfen: die Verbannung vieler Juden(-christen) nach Kleinasien als Folge des jüdischen Aufstandes 66/70 und damit in das Missionsgebiet des Paulus.

Es geht um die Situation der Gesamtkirche, deren geistliche Autorität Christus ist, und nicht so sehr um den Aufbau von Einzelgemeinden. Es geht letztlich, trotz aller christologischen Argumentation, ebenso um ein gutes Ende der Geschichte Israels.

III

„..., und Gott wird abwischen alle Tränen von ihren Augen, und der Tod wird nicht mehr sein, noch Leid noch Geschrei noch Schmerz wird mehr sein; denn das Erste ist vergangen... Ich bin das A und O, der Anfang und das Ende. Ich will dem Durstigen geben von dem Brunnen des lebendigen Wassers umsonst."

Gott, A und O, Anfang und Ende, das ist, was trägt im Angesicht der Absurdität menschlicher Existenz, im Angesicht der großen Frage nach dem Woher der Menschen und der noch größeren Frage nach ihrem Wohin. Gott, der uns kennt, noch bevor wir geboren werden, und der uns in sich aufhebt auch nach unserm Tod. Und deshalb auch Gott, der die schwierigen Wege der Zeit, die Wege zwischen A und O mit uns geht, Seite an Seite mit seinen Geschöpfen, auch da, wo sie Unrecht tun, auch da, wo sie ihn in Leid und Einsamkeit verloren zu haben meinen. Gott wurde schon einmal Fleisch in dieser Welt: dieses Wunder, daß Gott unter den Menschen wohnte! Das wird am Ende nicht mehr vergehen: Er wird seine Hütte mitten unter uns aufschlagen. Wir werden den Tod überwunden haben und die vergehende Zeit und mit ihr alle Sünde der Geschichte; wir alle werden Gottes Kinder sein.

„Und ich sah einen neuen Himmel und eine neue Erde; denn der erste Himmel und die erste Erde vergingen, und das Meer ist nicht mehr. Und ich sah die heilige Stadt, das neue Jerusalem, von Gott aus dem Himmel herabfahren, bereitet wie eine geschmückte Braut ihrem Mann. Und ich hörte eine große Stimme von dem Thron, die sprach: ‚Siehe da, die Hütte Gottes bei den Menschen! Und er wird bei ihnen wohnen, und sie werden sein Volk sein, und er selbst, Gott, wird mit ihnen sein;…"

Aber Gott ist nicht nur Anfang und Ende unseres individuellen Lebens, er ist Anfang und Ende aller Geschichte, der ganzen Welt. Und durch den Untergang dieser alten Welt hindurch bleibt doch der letzte Grund Gott selbst, der für die Kontinuität dieser und der neuen Welt bürgt. Gott unter den Menschen, keine Trennung mehr von Diesseits und Jenseits, die bleibende Wirklichkeit der Gnade, durch kein Unrecht und keine Gewalt getrübtes Heil.

Angesichts dieses Versprechens bewege ich zwei Dinge besonders in meinem Herzen:

– Das Heil der Welt geht vom neuen Jerusalem aus, nicht von einer einzelnen christlichen Kirche.

– Von diesem Heil versichernden Grund, von diesem Gott aus, kann ich nicht auf den neuen Himmel und die neue Erde warten, ohne ihr entgegenzueilen und aufzustehen für Frieden und Recht. Gerade weil Gott auch nach dem Untergang mit uns sein will, will ich alles tun, diesen Untergang abzuwenden, statt jammernd auf ihn zu warten.

Mein Traum

Die neue Schöpfung / wenn die Völker der Erde ihre Schätze / des Bodens und Wissens ohne Geld verteilen – / und kein Bettler und keine Prostituierte / vom Abfall der großen Scheine leben muß /

Die neue Schöpfung / wenn die Menschen das Lachen auf den Lippen / und die Augen voller Tränen haben / und jeder das ausdrücken darf / was er erlebt / wo aus der Trauer große Freude / und aus dem Weinen Glückseligkeit wird /

Die neue Schöpfung / wenn der, der sät, auch ernten wird/und alle zusammen das große Fest der Völker feiern / Die Häuser der Stadt werden voll von Gästen / weitgereist von den Enden der Erde / in allen Farben und aus allen Traditionen / Wo die Männer ihre Frauen auf Händen tragen / wie seit dreitausend Jahren geträumt vom Propheten /

Alle sind eingeladen zum großen Fest / der Seligpreisung / der zerschlagenen und ausgebeuteten Herzen: / Selig die Armen, denn sie werden heute satt! / Selig die Trauernden, denn ihre Tränen werden nun getrocknet! / Selig die Nachgiebigen, ihnen wird endlich zurückgegeben! / Selig die Anfänger, heute erleben sie ein gutes Ende! / Selig die, die die Gerechtigkeit umtreibt, heute ruhen sie aus! / Selig die Friedensstifter, glücklich leben sie im Licht! / Selig die Verfolgten, heute kommen sie nach Hause!

Literatur:
Uwe Seidel, in: Wenn uns Hören und Sehen vergeht. Biblische Meditationen. Patmos-Verlag, Düsseldorf 1987, S. 90.

Sybille Fritsch-Oppermann

Erntedanktag

*2. Korinther 9,6–15**

I

Erntedank ist das naturhafteste der christlichen Jahresfeste, oft der Unchristlichkeit verdächtigt – zumal am spürbarsten verbunden mit den Erntefesten vorchristlicher Religionen; für eine moralisierende Christlichkeit legitimiert durch den im Sonntagsevangelium sich ausdrückenden Appell zum Teilen des Reichtums, der einem zugewachsen ist; und doch – wenigstens in ländlichen Bereichen – eines der großen Feste im Jahr. Gefeiert wird es am Sonntag nach Michaelis – dem Fest der unsichtbaren guten Mächte, die an Christi Seite Zerstörung und Dunkelheit

* OLM: –

überwinden. Im großen Spannungsbogen des Kirchenjahres reiht es sich ein in den Pfingst-Trinitatis-Festkreis, der die Gaben des Heiligen Geistes an die Welt entfaltet. Unter der Not globaler Katastrophen, Folgen menschlicher Fehlentwicklungen, begreift die Theologie unserer Tage allmählich wieder neu, daß der Heilige Geist Atem der Natur, Wachstumskraft allen Lebens und kein ausschließliches Privileg kirchlicher Ämterhierarchien ist. Ostkirchliches Denken kannte schon immer das universale Wirken des Geistes und die mittelalterliche Theologin, Naturwissenschaftlerin und Mystikerin Hildegard von Bingen kann uns aus unserem Kulturkreis heraus die Augen öffnen für den Zusammenhang von Geist und Natur, der dem Erntedankfest zugrunde liegt:

„Ich bin das heimliche Feuer in allem, / und alles duftet von mir, / und wie der Odem im Menschen, Hauch der Lohe, / so leben die Wesenheiten und werden nicht sterben, weil ich ihr Leben bin./Ich flamme als göttlich feuriges Leben/über dem prangenden Feld der Ähren, / ich leuchte im Schimmer der Glut, / ich brenne in Sonne, in Mond und in Sternen, / im Windhauch ist heimliches Leben aus mir, / und hält beseelend alles zusammen“ (in: Joh. Thiele [Hg.], Mein Herz schmilzt wie Eis im Feuer, Stuttgart 1988).

II

Hier nur einige für diese Meditation zusammenfassende Hinweise:

a) Das naturhafte Bild von Staat und Ernte wird in der apokalyptischen Vorstellungswelt und auch bei Paulus (z. B. Gal 6,7) in der Regel auf das Lebensganze und auf das Gericht bezogen. Dagegen spricht Paulus hier von konkreten innergeschichtlichen Früchten des Glaubens. Er versteht unter Frucht einerseits das konkrete Geldopfer für die „Heiligen“, das ist die verarmte Gemeinde in Jerusalem; andererseits die im Lobpreis Gottes zum Ausdruck kommende Verbundenheit der Ökumene („viele Menschen“, V. 12). Im Streit um die Frage, ob Frucht metaphorisch gemeint ist oder wesentlich, entscheide ich mich für das letzte, anknüpfend an die paulinisch-lutherische Unterscheidung von Frucht und Werk.

b) Der Same, der hier zur Frucht führt, ist Geschenk, Gabe, Gnade Gottes – letztlich Christus, im Wort, in den Sakramenten Taufe und Hl. Abendmahl wie in die Menschen eingesät; göttlicher Geist, in ständig neuem Fluß wie Wind und Atem in den Menschen wirkend.

c) Wo Opfer nicht Aktion, sondern Frucht des wirkenden Christusgeistes ist, da ist Freude, Dank, Lobpreis – Überfluß.

III

a) Allgemeine Betrachtungen

Der Versuch, Erntedank in der Industriegesellschaft zu aktualisieren durch Altarschmuck mit industriellen Erzeugnissen, gilt allgemein als überholt: Zu sehr ist der Unterschied verwischt zwischen Gewordenem, Gewachsenem, Nicht-Machbarem, eben der Frucht, und dem Produkt menschlicher Arbeit. Blind ist unsere Zeit geworden für die Abhängigkeit von Vorgegebenem; die Krise der Landwirtschaft berührt uns nicht. Darum muß Erntedank einen mit Blumen und Früchten geschmückten Altar haben. Dies ist die erste und grundlegende Meditation; denn der *Kirchenraum* ist das erste „Meditationsbild", das dem Gemeindeglied vor Augen tritt und ihn umfängt. So wird Erntedank erkennbar als Fest des wachsenden, blühenden, reifenden und Frucht bringenden Lebens der „Mutter Erde" (Franziskus); Fest des Staunens vor dem Geheimnis der „Grünkraft des Lebens" (Hildegard); Fest des liebenden, begeisterten Wahrnehmens der alles durchwirkenden göttlichen Lebensenergie, die sich auf der Entwicklungsstufe menschlichen Daseins als Liebesenergie ausdrückt. Wenn es stimmt, daß es derselbe Geist ist, – *Kraft*, die in der Natur wie der menschlichen Seele wirkt, dann gehorcht auch die Liebe denselben Gesetzen: Sie kann nicht gemacht, nur empfangen, umsorgt und umhegt werden, muß aber von alleine wachsen, ihren eigenen Gesetzen folgend sich entfalten.

Diese Grundsicht des Lebens steht im Widerspruch zu *Lebensgefühl*, Lebenspraxis sowie zu den Wirtschaftsstrukturen der westlichen Welt, in denen wir alle befangen sind: Das Gemachte, wie das durch weltweite Handelsketten bei uns billig Käufliche steht in höherem Wert als das Einfache, Gewachsene.

Selbst wenn wir uns von diesem Lebensgefühl zu befreien versuchen: Greifen wir im Winter nicht auch lieber zu dem aus Hungerländern importierten „Wachsobst" als zu dem einheimischen „Schrumpelapfel"? Daß die Landwirtschaft in unseren Breiten in völlige Abhängigkeit von der chemischen und Futtermittel-Industrie geraten ist und Landarbeit zu der schlechtbezahlten Arbeit zählt, zeigt ebenfalls die Überbewertung des Machbaren in unsrer Gesellschaft. Zum anderen: Nehmen wir es nicht selbstverständlich hin, daß „mit dem Schweiß und dem Blut der Tagelöhner" in den Hungerländern uns, den Reichen, der Tisch gedeckt wird (so Bischof Rodriguez aus Juazeiro, in: Publik-Forum 18/1990, S. 19)? Staunendes, liebendes Wahrnehmen dessen, was wächst und geworden ist, muß in diese weltweiten Zusammenhänge führen.

Es scheint mir jedoch wenig sinnvoll, sich in der Predigt zum Anwalt alternativer Landbau-Methoden oder Wirtschaftsstrukturen zu machen. Wesentlich ist, die Gemeinde zum Staunen vor dem Wunder des Lebens zu führen. Wird dies Staunen, diese „Ehrfurcht vor dem Leben" wieder Grundbestand unserer Lebenshaltung, so ergeben sich umfassende Veränderungen daraus von selbst. Derselbe Geist, der in allem Lebendigen lebenschaffend wirkt, will ja auch uns zu Liebenden reifen lassen.

b) Konkrete Übungen für den Prediger

Nicht zufällig werden sowohl am Anfang der Bibel als auch in der johanneischen Auferstehungstradition der menschliche *Atem* und der schöpferische Gottesgeist in Beziehung gesetzt (1. Mose 2,7; Joh 20,22). Eine Atemübung kann helfen, dem Geist Gottes als fruchtschaffender Kraft nachzuspüren: Suche eine entspannte Lage, werde still und beobachte aufmerksam den Fluß des Atems. Nach einem ruhigen, langen Ausatmen nimm mit dem Einatmen das Wort „Same" tief in dein Innerstes hinein – wie den Leib Christi beim Abendmahl. Mit dem Ausatmen verbinde die Vorstellung „Frucht", während der Atem durch allen Poren, Hände und Fuße, Nase und Kopf sich verströmt.

Solche Übung kann helfen, am eigenen Lebensvollzug wahrzunehmen, daß Gott uns ja längst reich beschenkt hat (V. 15) und sein Samenkorn, Christus bzw. den Geist grenzenlos reichlich gibt – unermüdlich neu (V. 8 a/10 b) wie jeder Atemzug: Dankbar, liebende Wahrnehmung dessen, was ist, was von Gott her in unserem Leben ist, verhindert am besten jede moralisierende Gesetzlichkeit. *Frucht* hat immer einen Wachstumsprozeß hinter sich; sie kommt nicht aus Willensentschlüssen, sondern aus dem Wesen. Innehalten, wahrnehmen dessen, was ist und uns trägt vor allem Tun, ist darum gerade für uns vom überfüllten Terminkalender und vom Helfersyndrom geplagten PastorInnen ein heilsames Korrektiv. Können wir anders wahrnehmen, worum Paulus und Luther gekämpft haben: Liebende Zuwendung zum Nächsten ist Frucht eines Herzens, das von der liebenden Zuwendung Gottes erfüllt ist. So geschieht sie in Freude (V. 7) und wirkt Danksagung (V. 13), während „gute Werke" Abhängigkeit schaffen! Folge dieser Übung könnte sein, daß wir in unserem Terminkalender noch bewußter Freiräume einplanen, in denen wir selbst „Samen empfangen".

Eine andere Übung: Betrachten wir die *Gemeinde* als einen reifen Acker. Paulus: Gott hat gegeben, und darum sind in der Gemeinde viele Gaben, Kräfte und Fähigkeiten gereift. Welche konkreten Menschen sind es? So könnte Erntedanktag auch Gemeindedanktag werden.

Aus diesem Hintergrund können wir uns dem Spannungsfeld zwischen den Früchten am Altar und den Impulsen des Predigttextes stellen: Aufruf zum großzügigen Opfer für die Notleidenden. Ob wir dabei eine kritische Auseinandersetzung führen mit Strukturen der Machbarkeits-Industrie-Gesellschaft, mit der durch wirtschaftliche Abhängigkeiten zunehmenden Verarmung in der „Dritten Welt", ob wir über den Zusammenhang zwischen ausgelaugten Ackerböden und menschlichen Erschöpfungszuständen, zwischen wachsender Kunstdüngerzufuhr und steigendem Kaffee- oder Teekonsum nachdenken – entscheidend wird sein, daß wir selbst als Mitte unserer Predigtvorbereitung die Freude am Wunder des Seins, Wachsens, Blühens und Reifens wahrnehmen, und daß wir dieser Freude über den lebenschaffenden Geist Raum geben. So wird die Predigt – bei aller kritischen Zeitgenossenschaft – nicht zur Bußtags-, sondern zur Dankfestpredigt.

Wolfgang Lenk

Tag der Geburt Johannes des Täufers – 24. Juni

*Apostelgeschichte 19,1–7**

I

Über Jahrhunderte hin wird der Johannestag als hohes Fest gefeiert, als Christusfest, wie die liturgische Farbe weiß ausweist, als Erinnerung an Weihnachten mit allem, was das an Festfreude und -feier bedeutet. M. Luther hat sich – offenbar aus Erfahrung – gegen das übermäßige „Tanzen, Essen und Trinken" an diesem Tag gewendet (WA 52, 654, 11). Vorwegnahmen bzw. Erinnerungen an die Hochfeste der Kirche begegnen immer wieder mitten im Kirchenjahr. Auch der Johannestag möchte – im Halbjahrsabstand zum Heiligen Abend – die Geburt Christi einprägen und im Gedächtnis halten wie von der Feier ursprünglich heidnischer Rituale zur Sommer- und Wintersonnenwende wegführen. Dem Schriftwort Joh 3,30 („Er muß wachsen, ich aber muß abnehmen") entspricht auch das Kalenderjahr mit seinen immer kürzer werdenden Tagen.

Die alttestamentliche Lesung Jes 40,1–8 verweist auf das wartende und trostbedürftige Volk Gottes, das Evangelium erzählt die Geburt des Täufers und bringt das „Benedictus", den Lobgesang des Zacharias (Lk 1,57–80). Die Freude über das Heilshandeln Gottes durchzieht auch den Tagespsalm 92,2–11. Das schöne Lied von N. Herman zum Johannestag (EKG 114 „Wir wollen singn ein' Lobgesang") hat die Bedeutung des Täufers trefflich zusammengefaßt, und die „Erneuerte Agende" hat den liturgischen Weg für den Gottesdienst zubereitet (vgl. S. 342f). So sollte, nicht nur wegen des reich zur Verfügung stehenden Materials, wenigstens durch einen Abendgottesdienst dieser Tag mit der Gemeinde gefeiert werden.

* OLM: (V. 1b–6a) Pfingstmontag (C)

II

Übereinstimmend erklären die Exegeten, Apg 19,1–7 sei einer der schwierigsten und rätselhaftesten Abschnitte in der Apostelgeschichte. Ein innerer Zusammenhang mit der vorausgehenden Perikope besteht schwerlich. Unser Abschnitt geht davon aus, daß sich die „jüdisch-synkretistische Täuferbewegung" parallel mit dem Christentum in Kleinasien ausgebreitet hat und der Kirche durch ihre bloße Existenz offenbar Konkurrenz macht. Überdies müssen die Unterschiede in Erscheinigungsbild und Verkündigung so gering gewesen sein, daß man Kirche und Täuferbewegung durchaus verwechseln konnte.

Lukas berichtet von 12 Johannesjüngern, die sich der Kirche anschließen. Ob die Zwölfzahl symbolisch gemeint ist (und die Stämme Israels umfaßt) oder nur Ausdruck für eine runde Zahl ist, kann offenbleiben. Wegen der Bezeichnung „Jünger" und „gläubig geworden", die im Regelfall nur auf Christen angewandt wird, haben manche Ausleger vermutet, es handele sich bei den Johannesjüngern um „Vorhofchristen, um nicht voll ausgereifte Christen" (G. Voigt). Diese Auffassung hat sich allerdings gegenüber der oben beschriebenen nicht durchgesetzt. So wird also gelten: Paulus trifft in Ephesus auf Anhänger der sich auf Johannes beziehenden Täuferbewegung und macht sie durch die Taufe auf den Namen Jesu unter Handauflegung zu Christen.

Diese Taufe ist weder eine Wieder- noch eine Ergänzungstaufe, sondern etwas durchaus Neues: Jesus wird von den Johannesjüngern als der erwartete Messias anerkannt und seine Kraft in den Wirkungen des Heiligen Geistes erfahren. Die persönliche Lebenssituation und die heilsgeschichtliche Perspektive haben sich wesentlich verändert. Immerhin wird Johannes und seine Verkündigung – unter diesem erneuerten Blickwinkel allerdings – respektiert; deshalb ist dieser Abschnitt auch zur Epistellesung am Johannestag geworden. Wenn die Johannesanhänger bekunden, daß sie noch nie vom Heiligen Geist gehört hätten, klingt das unwahrscheinlich, weil vom Geist des Herrn auch im Alten Testament und Judentum häufiger die Rede ist.

Der homiletische Dreischritt, den G. Voigt empfiehlt, sei gerne weitergegeben: 1. Ihr gehört in die Kirche Christi, 2. Euch gebührt die Taufe Christi, 3. Euch wird gewährt der Geist Christi.

III

Wenn ein Prediger vom Rang Gottfried Voigts mitteilt, daß er über Apg 19,1 ff schwerlich eine Predigt zum Johannestag halten könne, verdient das Beachtung. Denn Johannes der Täufer und nicht irgendein Schriftabschnitt, in dem der Täufer randhaft erwähnt wird, hat das Thema dieses Tages zu sein. Für Meditation und Predigt konzentrieren wir uns also auf die Verse 19,4–5, auf Johannes als den Prediger der Buße, auf den Täufer zur Vergebung der Sünden, auf den Vorläufer Jesu, der als Mensch zurücktrat und als Prediger überholt war, nachdem er Jesus getauft hatte.

Welch eine Aufgabe, Vorläufer und Nachfolger zu sein, Jesus als Mittelpunkt auszuhalten, ihm den Stammplatz freizumachen und selbst mit dem Wahlplatz einverstanden zu sein. Johannes wird damit zum Typus des exemplarisch Glaubenden. Er hört auf Gottes Stimme und richtet den im Hören vernommenen Auftrag aus. Er verkündigt nicht nur die Nähe des Gottesreiches und daraus folgend Buße und Umkehr, sondern er identifiziert sich so mit seiner Botschaft, daß sein Lebensstil – Enthaltsamkeit im Sinne von Besitz-, Nahrungs- und Geschlechtsaskese als Ausdruck radikaler Verfügbarkeit – und sein Lebensdienst gottbezogen bleibt.

Höhepunkt und Ende seiner Wirksamkeit ist die Epiphanie Jesu, deren wahre Bedeutung er sogleich erkannte (Mt 3,14: „Ich hätte es nötig, von dir getauft zu werden"). Aber auch der Messias bleibt in der Verhüllung. Anfechtungen und Fragen treten bei seinem Vorläufer auf (Mt 11,3: „Bist du es, der kommen soll, oder sollen wir auf einen anderen warten?"), und die Antwort, die er erhält, läßt weiterhin alles offen. Anfechtung und Glauben gehören bleibend zusammen; zwar ergeben sich Klärungen, aber ebenfalls neue Verunsicherungen. „Als der Gefundene bleibt er immer der Gesuchte" (Gregor von Nyssa), und darin vertritt Johannes den angefochtenen Glauben: Er bleibt im Warten und Wachen, im Hören und in der Verfügbarkeit. Das

Ansehen, das ihm während seiner Wirksamkeit am Jordan zufiel, ist geschwunden, die Versenkung, dann die Gefangenschaft, der Tod und die Vergessenheit – das war sein Schicksal, das er ohne Protest und Murren gelten ließ. Wahrhaftig ein Vater des Glaubens, mit seinen in Hebr 11 aufgezählten Vorgängern durchaus vergleichbar! Welch ein Platzhalter, der sogleich zurücktritt, sobald der Angekündigte erschienen war! So wurde aus dem Vorläufer auch der exemplarische Nachfolger, dem alles daran lag, durch den eigenen Rücktritt Christus zur Geltung, zur Anerkennung zu verhelfen.

Ich versuche, mich in die Lebensform des Täufers hineinzuversetzen, seine Fragen und Anfechtungen gegenüber seinem entsagungsvollen Auftrag nachzuempfinden. Wäre ich dazu bereit? Ist nicht mein eigener Lebensverzicht, meine Existenzverwundung vergleichbar mit dieser schmerhaften Auszeichnung? Gilt es womöglich, in engagierter Gelassenheit, in hingabebereitem Aufbruch, in einwilligender Bereitschaft zu Gott das zu vollziehen, was Johannes auf seine Weise gelebt hat? Wo liegt die Grenze der Selbstpreisgabe? Das wird sich jeweils im Vollzug der Nachfolge erweisen, nicht schon am Anfang. Nur wer seine Kräfte erproben läßt, wird merken, wie lange sie reichen. Bin ich bereit zu meinem Wege, ohne jede Einschränkung?

Das anfangende Christentum scheint eine Reihe selbstloser Nachfolger gehabt zu haben; Johannes und Paulus waren nur zwei unter ihnen. Vielleicht sind das selbstsüchtige Christentum, die lieblose Frömmigkeit, das selbstgerechte Urteil über andere, die spannungslose Eindimensionalität des Glaubens in der Gegenwart Grund dafür, daß Freude und Zuversicht oft so eingeschränkt, manchmal überhaupt nicht mehr vorhanden sind.

Wer nach Erneuerung des Glaubens und der Kirche fragt, wird auf den Heiligen Geist, nicht auf eigenes Tun verwiesen. In diesem Zusammenhang könnte auch eine meditative Hilfe aus Apg 19 zu gewinnen sein: Eine Taufe zur Umkehr aus eigener Kraft bleibt in der eigenen Kraft (bzw. deren Versagen) stecken. Wer im eigenen Namen lebt, scheitert auch im eigenen Namen. Deshalb ist Taufe auf den Namen Jesu so befreiend, weil sie Herrschaftswechsel, „seligen Tausch“, Anbruch der Gottesherrschaft (statt menschlicher Tyrannei) bedeutet und bewirkt. Die Anteilnahme am Leben des Auferstandenen bleibt dann nicht aus; „im Geist“ drückt sich die Kraft Jesu, seine Leben verändernde Nähe, überfließend aus. Jünger Jesu werden nicht nur voll des Geistes, sondern sie erhalten ihn im Überfluß zur Weitergabe an andere.

In diesem Sinne hatte Johannes nur im uneigentlichen Sinn „Jünger“, im eigentlichen Sinn waren sie schon immer Jünger Jesu, wenn auch in der Verborgenheit, als solche allerdings bedürftig der ausdrücklichen Unterstellung unter Jesu Herrschaft in der Taufe sowie der Erfahrung seiner Macht im Heiligen Geist.

Die immer wieder durch die ganze Kirchengeschichte hindurch geäußerte Sorge, ob die Kirche nicht „Kirche ohne Geist“ geworden sei, ist offen zu halten; sie wird aber nicht durch unsere Erfahrung, sondern einzig und allein durch Christus selbst, im Geist und Glauben, in Offenbarung und Verhüllung auszuhalten und zu überwinden sein.

Gerhard Ruhbach

Tag des Erzengels Michael und aller Engel – 29. September

*Offenbarung 12,7–12a (12b)**

I

Das Fest des Erzengels Michael ist aufgrund seiner Lage am Herbstanfang ein wichtiger Termin im öffentlichen Leben gewesen. Wie beliebt Michael auch sonst, besonders in Deutschland, gewesen ist, zeigen die vielen bedeutenden Michaeliskirchen und die zahlreichen Träger seines Namens. Viele Ikonen und Texte weisen auf eine noch früher beginnende Verehrung in den ortho-

* OLM: –

doxen Kirchen hin. So ist die gewaltige Gestalt des Erzengels ein Bindeglied zwischen den Kirchen des Ostens und des Westens. Zwei Grundmotive durchziehen die Liturgie des heiligen Michael: Der Schutz Gottes für sein Volk und die Anbetung des heiligen Gottes, von dem alles Heil kommt. So mächtig auch der Streiter für Gott erscheint – er ist schon in seinem Namen „Wer ist wie Gott?" ein einziger Hinweis auf die Größe seines Herrn und Schöpfers. Der Spruch des Tages faßt die Aussage über Gottes Schutz knapp zusammen: „Der Engel des Herrn lagert sich her um die, die ihn fürchten und ehren" (Ps 34,8). Auch die alttestamentliche Lesung deutet durch die Erscheinung des himmlischen Heerführers darauf hin, daß Gott es ist, der sein Volk in das Gelobte Land führt (Jos 5,13–15). Zwar fällt der Name Michael hier nicht, aber seit dem Buch Daniel und anderen Texten späterer Zeit gilt er als „Fürst Israels" und wird dann auch zum Engel der Gemeinde Jesu.

Im Evangelium (Lk 10,17–20) wird auf andere Weise deutlich, wer den Kampf gegen die Mächte des Unheils gewinnt. Was in dem eindrucksvollen Bild vom blitzartigen Sturz Satans aufscheint, ist die Tatsache der Rettung durch das Wirken Jesu. Die Jünger empfangen und verkünden im Namen Jesu vollmächtig und voller Freude das Heil. In unserem neutestamentlichen Predigttext werden beide Aussagen noch einmal großartig entfaltet. Hier kommt noch ein drittes Element hinzu: Der Hinweis auf den drängenden Ernst der Entscheidung. Die Zeit ist kurz. Es gilt bereit zu sein.

Im katholischen Festkalender sind seit 1969 die Feste der Erzengel Michael, Gabriel und Raphael am 29. September zusammengefaßt. Da unser Text als Lesung genommen werden kann, ist eine ähnliche Prägung der Liturgiefeier möglich.

II

Unser Text ist eingefügt in die Schilderung der großen Bedrängnisse, die der Kirche Christi durch die widergöttlichen Mächte bereitet werden. Diese Kräfte sind symbolisiert in dem großen Drachen, der die Frau und ihr Kind verfolgt, d. h. das Gottesvolk und den aus ihm hervorgehenden Messias (12,1–6). Doch die

Bemühungen des Drachen sind vergeblich. In der Entrückung des Messiaskindes zu Gott ist in einer Kurzform der Sieg Jesu Christi ausgesagt, der nun zur Rechten Gottes bereit ist, zum Endgericht zu kommen.

Weil der Messias für den Widersacher unerreichbar ist, auch das Gottesvolk als ganzes durch Gottes Hilfe geschützt ist, wütet Satan nun durch seine willfährigen Gehilfen (die „Tiere“) gegen einzelne Glieder des Gottesvolkes (12,18–13,18). Die Macht dieser Gehilfen scheint unbegrenzt. „Sie können Krieg führen mit den Heiligen und sie besiegen“ (13,7). Die brutale Gewalt vergangener und bestehender Diktaturen kann nicht besser veranschaulicht werden. In diese sehr plastische Schilderung der Not der Verfolgten ist unser Text eingeschoben. Er soll die Härte dieses Kampfes nicht verharmlosen, sondern zeigen, daß der Kampf für Gott bereits gewonnen ist, denn Satan bleibt nur eine „kurze Frist“. Auf zwei sehr unterschiedliche Weisen wird der Sieg Gottes dargestellt: In dem Bild vom Engelkampf und im himmlischen Siegeslied.

Im Himmel, dort wo die eigentliche Macht ist, wo die Entscheidungen über den Verlauf der Geschichte fallen, gibt es keinen Platz für Satan. Gott ist der eigentliche Sieger, wie die passive Form „er wurde gestürzt“ zeigt. Der siegreiche Engelfürst und seine Scharen zeigen, daß dieser Sieg unausweichlich ist, denn „niemand ist wie Gott“. Das bekennt nicht nur die „kleine Herde“ auf der Erde – die ganze weit über alles menschliche Verstehen hinausgehende Schöpfung ist davon erfüllt.

Das himmlische Siegeslied verbindet diesen Gedanken mit dem Christusbekenntnis. Die schon Vollendeten haben ja ihren Sieg erreicht „durch das Blut des Lammes“. Gott hat durch die im Kreuzestod sich vollendende Hingabe Jesu gesiegt. Ihm haben die Zeugen die Treue gehalten in Wort und Tat. So kommen auch die noch auf Erden Ringenden zum Ziel. Satans Wut ist groß – aber „seine Zeit ist kurz“.

III

Unzählige Male ist der Engelkampf in der christlichen Kunst dargestellt worden, meist nur in der Gestalt Michaels, der den

Drachen mit überlegener Kraft und Ruhe zu Boden gezwungen hat. Immer ist die Endgültigkeit der Entscheidung deutlich. „Sie verloren ihren Platz im Himmel“ (12,8). Es herrscht völlige Klarheit, Gut siegt über Böse, Gott über Satan. Unwillkürlich habe ich bei diesem Text den *Engel* vom Straßburger Münster vor Augen, dessen Bild mich schon lange begleitet. Das offene, ruhige, Kraft und Konzentration ausstrahlende Gesicht ist auf ein bei dieser Aufnahme nicht sichtbares Ziel gerichtet. Es gibt keinen Zweifel, wem dieser Blick gilt und wessen Willen der gewaltige Engel folgen will.

Sehnsucht nach solcher *Klarheit* erfüllt mich. Sie möchte ich bei allen Entscheidungen des Lebens haben und die Kraft, den Willen Gottes zu tun. Dankbar bin ich für Begegnungen mit Menschen, bei denen ich diese Klarheit erleben durfte, weil sie in wichtigen Augenblicken kein Schwanken kannten. Es ist erst wenige Jahre her, daß eine Kindergärtnerin in der DDR von ihrem heißen Wunsch sprach, Medizin zu studieren. Schlicht und ohne Selbstmitleid fügte sie hinzu: „Bei der kirchlichen Einstellung unserer Familie ist das natürlich ausgeschlossen.“ Sie hatte sich entschieden, und es war noch keine Wende in Sicht.

Der Gegner ist nicht so eindeutig. Er hat mehrere Namen. Der „große Drache“ verkörpert unüberwindlich erscheinende *Macht*. Die schreckenerregenden Bilder im Vers 12,3 stammen aus uralter Zeit. Gehören sie nur noch in Alpträume? Die modernen Feinde Christi haben mit ganz anderen Mitteln wie grellem Scheinwerferlicht, Gehirnwäsche und Dauerüberwachung menschliche Herzen bis in die Tiefe mit Angst erfüllt. Eine sachlich kalte Bürokratie machte das Grauen oft nur noch unheimlicher. Viele Christen fühlten sich „verschlungen“, wenn sich die automatischen Türen der Sicherheitszentralen oder Tore in den Stacheldrahtzäunen hinter ihnen schlossen oder schließen. Die Mahnung im Hebräerbrief: „Denkt an die Gefangenen, als wäret ihr mitgefangen, denkt an die Mißhandelten ...“ (Hebr 13,3) hat an Aktualität nichts verloren. Gezielte Aktionen und Proteste können bedrohten Christen helfen. Unser *Gebet* ist ebenso notwendig, damit gequälte und gedemütigte Herzen stammeln können: „Nicht, was ich will, sondern was du willst“ (Mk 14,36).

Auch in unserem apokalyptischen Text wird nicht vergessen,

daß der große Widersacher Gottes noch eine andere Seite hat, eine lockende und faszinierende: Die *Verführung*. Gegenüber Verlockungen zu Bequemlichkeit, Genuß oder Kompromissen ist es oft viel schwerer, zu klaren und eindeutigen Entscheidungen zu kommen, als in harten und bitteren Auseinandersetzungen. Wo wir uns wirklich bedroht fühlen, sind wir auf der Hut, bleiben wir „wachsam". Wo unser Glaube direkt angegriffen wird, versagen wir vielleicht aus Schwäche wie Petrus, kommen aber auch zur Umkehr. Wie sieht es aber aus, wenn uns im täglichen Leben ein wirklich gutes Angebot gemacht wird – um den Preis eines Handelns gegen unser Gewissen? Es werden uns ja nicht gleich „alle Reiche der Welt und ihre Herrlichkeit" angeboten. Wir müssen auch nicht ausdrücklich „niederfallen und anbeten". Es wird nur so manche Inkonsequenz, Halbherzigkeit oder ein fauler Kompromiß gefordert. Sind wir dann nicht sehr leicht geneigt zu fragen: „Hat Gott wirklich gesagt, ihr dürft nicht...?" Nicht nur im Paradies sind viele Dinge „köstlich anzuschauen". Gerade im Alltag sollte uns das Bild des Engels vor Augen stehen, der keine andere Entscheidung als die für Gottes Willen gelten läßt.

„Wer ist wie Gott?" Diese Frage wird uns am Fest des hl. Michael gestellt. Beim Apostel Paulus finden wir eine Antwort: „Jesus Christus war Gott gleich, hielt aber nicht daran fest, wie Gott zu sein" (Phil 2,5–11). Das Bild des dienenden, gehorsamen und gekreuzigten Jesus scheint so gar nicht zu dem großartigen Bild Michaels zu passen. Doch Jesu Weg führt „zur Ehre Gottes des Vaters". Die Verkündigung und die Feier der Eucharistie am Fest des hl. Michael wollen nichts anderes erreichen, als uns zu bewegen, „untereinander so gesinnt zu sein, wie es dem Leben in Jesus Christus entspricht". Nur so kann die Anfrage beantwortet werden, die der Name und die Haltung Michaels an uns stellen.

Wolfgang Aßmann

Gedenktag der Reformation – 31. Oktober

*Römer 3,21–28**

I

An zwei unaufgebbare Entdeckungen will der Gedenktag der Reformation erinnern. Inhaltlich geht es um die Rechtfertigung des Menschen allein aus Gnaden. Hiervon berichtet die Epistel (zugleich der Predigttext), während das Evangelium mit den Seligpreisungen ein Leben aus dieser Rechtfertigung beschreibt: So sieht es aus! Beim Graduallied kann gewählt werden, ob die Gemeinde mehr erzählend dem Geschehen der Rechtfertigung folgen (EKG 239 „Nun freut euch, lieben Christen gmein") oder vom aufrechten Gang des Gerechtfertigten (EKG 250 „Ist Gott für mich") singen will.

Damit der Gottesdienst aber nicht unter der Hand zu einer auf die Vergangenheit fixierten Gedächtnisfeier wird, ist als Zweites in Erinnerung zu bringen, daß auch der Kirche unserer Zeit Erneuerung und Reformationen aufgegeben und zugesagt ist (ecclesia semper reformanda). Diese Zuversicht sollen Lieder zur Bitte werden lassen: „Weck die tote Christenheit aus dem Schlaf der Sicherheit" (EKG 218; GL 644), „O daß dein Feur doch bald entbrennte" (EKG 216 „Wach auf, du Geist der ersten Zeugen", Str. 2), „O komm, du Geist der Wahrheit" (EKG 108). Hilfe zur Formulierung der Gebete würde ich in den Gebetsvorschlägen für Pfingsten suchen.

II

In den voranstehenden Ausführungen ging es Paulus darum, die Schuld aller Menschen, der Juden wie der Nichtjuden, vor Gott zu erweisen. „Nun aber" (21) will er zeigen, daß Beschnittenen wie

* OLM: (V. 21–25 a.28) 9. Sonntag im Jahreskreis (A)

Unbeschnittenen, eben allen Menschen, nur ein Weg zur Wiederaufnahme in die Gemeinschaft mit Gott bleibt, der Glaube an Jesus Christus. Diese missionarische Intention wird noch deutlicher, wenn man den Predigttext nicht mitten im Gedankenfluß abbrechen läßt, sondern 29 und 30 hinzunimmt.

Unser Predigttext, immer wieder als Herzstück des Römerbriefes und der Reformation bezeichnet, ist wegen seiner Dichte einer der schwierigsten des Briefes. Er läßt sich jedoch auf wenige Grundaussagen entzerren. „Nun aber", das heißt mit dem Tode Jesu Christi am Kreuz (Perfekt von ‚pephanerotai' im Gegensatz zu dem Präsens Passiv in 1,16) ist Gottes Gerechtigkeit offenbar geworden (21). Zugänglich wird sie für alle Menschen durch den Glauben an Jesus Christus (22), und zwar geschenkweise aufgrund der in Jesus Christus geschehenen Erlösung (23). Das heißt, der Mensch wird durch Glauben gerechtfertigt, nicht durch seine Werke (28), das gilt für Juden wie für Nichtjuden (29 f).

In diesen Gedankengang eingeschoben sind 24–26, die Paulus vorformuliert aus der Tradition (Stephanuskreis?) übernimmt und kommentiert. Im Hintergrund steht der den Juden in aller Welt bekannte Ritus des großen Versöhnungsfestes (3. Mose 16) „Im Blut des stellvertretend für Israel geschlachteten Sündopferbockes wird das Leben des Gottesvolkes (durch das mittlerische Handeln des Hochpriesters) an Gott hingegeben. Aufgrund dieser Hingabe empfängt Israel Vergebung der Sünden und neues Leben in der Gottesgemeinschaft." Der Stephanuskreis und in seiner Folge Paulus deuten an diese Tradition anknüpfend nun den Tod Jesu so: „An die Stelle des jährlich zu wiederholenden, den Augen des Gottesvolkes verborgenen Sühnerituals im Tempel tritt die von Gott selbst öffentlich durch Jesu Kreuz ein- für allemal erwirkte Sühne" (Stuhlmacher, Römer, S. 56).

III

Die Reformatoren nennen die *Rechtfertigung* den Artikel, mit dem die Kirche steht und fällt. Tatsächlich war das Trostwort von dem Gott, der die Sünder annimmt allein aus Gnaden, erlösende Antwort auf die religiösen Sehnsüchte der Menschen ihrer Zeit. Die zunehmende Bedeutungslosigkeit des *Reforma-*

*tion*stages zeigt beispielhaft, daß diese Botschaft ihre Kraft verloren zu haben scheint. Die Angst des Spätmittelalters vor dem strafenden Gott ist dem modernen Menschen fremd. Aber auch der lebenspendende Gott ist für viele bedeutungslos geworden. Sie meinen ihr eigener Herr und Meister sein zu können und niemandem Rechenschaft schuldig zu sein außer sich selbst.

Nur, was zunächst Befreiung verspricht, erweist sich rasch als erbarmungsloser Konkurrenzkampf. Wer andere überholt, fühlt sich bejaht, wer zurückbleibt, in Frage gestellt. Daseinsrecht (Rechtfertigung) scheint nur „im Wettlauf zu gewinnen, in dem jeder früher oder später zum Verlierer wird... An keiner Stelle wird deutlicher, wie versklavt der autonome Mensch in Wirklichkeit ist. Er muß sich sein Seinsrecht selbst erleisten, gemessen an einem von ihm selbst entwickelten, sich aber dauernd eskalierenden Kriterium" (Kl. Nürnberger, Ethik des Nord-Süd-Konflikts, S. 176).

Es zeigt sich eben: „Man kann nicht sein eigener Sinngeber, sein eigener Tröster, sein eigener Retter und sein eigener Liebhaber sein" (Steffensky, Wo der Glaube wohnen kann, S. 16). So treibt die Sehnsucht nach Rechtfertigung des eigenen Daseins Blüten: Ich arbeite noch mehr! Andere achten auf ihr Styling. Magnesium soll Abschlaffung verhindern! Die Volkshochschule bietet Kurse an, wie ich Unsicherheiten überspiele!

Die Nachricht, daß Gott aus *Gnade* allein den gerecht macht, der an Jesus glaubt, hat also eine bleibende Aktualität. Statt dessen aber eilen sie in die Apotheke, das Reisebüro, die Beauty-Farm, das Esoterikseminar, um aufgerichtet zu werden. Diesen Widerspruch finde ich aufregend und herausfordernd. Da haben die Gemeinden die brandaktuelle gute Nachricht, daß jedem das Recht zu sein schon längst zugesprochen ist. Aber die Mehrheit unserer Bevölkerung nimmt es nicht wahr.

Ich möchte anregen, den formalen Aspekt des Reformationstages und seinen inhaltlichen an dieser Stelle zusammenfließen zu lassen. Dann geht es um die Frage, wieweit die Form unserer *Gottesdienste* dem Inhalt der Verkündigung entspricht. Dann erhebt sich die Bitte, daß Gott die Gemeinde neu in die von ihm gemeinte Form bringt, re-formiert, damit sie als sein Leib seine aufrichtende Botschaft faßbar macht für alle, die Rechtfertigung suchen.

So möchte ich anregen, mit den Predigthörern einmal in Gedanken durchzugehen, wo sie im Gottesdienst und im Gemeindeleben die Rechtfertigung durch den Glauben allein erfahren. Es wird uns hier als Ort, der die Gerechtigkeit anzeigt, die vor Gott gilt (25), zunächst das *Abendmahl* einfallen. „Die Menschen kamen größer vom Abendmahl zurück, als sie hingegangen waren. Den Unterschied konnte ich wirklich sehen", sagte mir ein Gottesdienstbesucher. Wir können diesen aufrechten Gang als Ergebnis der Rechtfertigung noch anfaßbarer machen durch den bewußten Friedensgruß beim Abendmahl. Ein Student, der mit mir Schwierigkeiten hatte, kam einmal quer durch die Kirche auf mich zu, um mit mir den Friedensgruß zu tauschen.

Ob dieser Glaube, vor Gott und damit auch voreinander „angenehm" zu sein, schon deutlich werden kann in der Art, wie wir uns vor Beginn des Gottesdienstes begrüßen und setzen? Nicht jeder für sich, sondern zusammen.

Wo wird die Wahrheit, daß wir alle Sünder sind und des Ruhmes ermangeln (23), so ausgesprochen und gelebt, daß sie mich entlastet von den vielen Zwängen, z.B. mich rühmen zu müssen meiner „gelungenen" Kinder, schöneren Wohnungseinrichtung, größeren Lässigkeit... Wo kann ich einmal ehrlich aussprechen, daß ich die Anstrengung, mir selbst Bedeutung beizulegen, nicht länger aushalte? Wo – wenn nicht in der Christengemeinde – können Menschen voreinander „beichten", nicht um sich klein zu machen, sondern um sich gegenseitig aufzurichten und die Rechtfertigung durch den Glauben einander zuzuerkennen? Dann ist Gnade nicht mehr billig, weil die Rechtfertigung durch den Glauben allein geschehen ist ohne Werke, d.h. ohne vorherigen Nachweis, daß ich liebenswürdig oder angenehm bin. Daraus kann sich entwickeln, was Rechtfertigung meint, nämlich die Wiederherstellung einer neuen, heilvollen Lebensbeziehung.

All das ist keine Utopie. Jeder von uns hat es wohl schon erlebt, daß er gerade dann angenommen wurde, als er die Maske fallen ließ und Schwächen zugab. Die schöpferische Kraft der Rechtfertigung lebt also unter uns. Haben wir doch Mut, ihr mehr zu vertrauen und mehr von ihr zu erwarten!

Wolfgang Günther

Autorenverzeichnis

Sr. Klara Antons OSB, Köln
Pfarrer Wolfgang Aßmann, Wolfenbüttel
Pfarrer Hans-Helmar Auel, Harle
Dr. Joachim Bieneck, Göttingen
Dr. Karl-Heinrich Bieritz, Berlin
Pastor Dr. Reinhard Deichgräber, Hermannsburg
Dr. Paul Deselaers, Münster
Pastor Dr. Klaus Dirschauer, Bremen
Msgr. Dr. Henry Fischer, Hildesheim
Pastorin Sybille Fritsch-Oppermann, Loccum
Pfarrer Dr. Heinrich Geist, Würzburg
Pater Dr. Anselm Grün OSB, Münsterschwarzach
Pastor Dr. Wolfgang Günther, Hermannsburg
Pastorin Karin Johne, Markkleeberg
Superintendent i. R. Heinz-Günther Klatt, Göttingen
Professor Dr. Otto Knoch, Passau
Pastor Wolfgang Lenk, Hamburg
Professor Dr. Bernhard Maurer, Freiburg
Pastor Dr. Gerhard Mellinghoff, Nordstemmen
Missionsdirektor i. R. Dr. Reinhart Müller, Hermannsburg
Pfarrer Dr. Alexius Nowak, Braunschweig
Pastor Alfred Peters, Bethel
Pastor Dr. Matthias Riemer, Hamburg
Pastor Dr. Jan Olaf Rüttgardt, Hannover
Professor Dr. Gerhard Ruhbach, Bethel
Professor Dr. Erdmann Sturm, Münster
Dr. Josef Sudbrack SJ, München
Professor Dr. Hans Weder, Zürich
Professor Dr. Rolf Zerfaß, Eisingen

Bibelstellenregister

Apostelgeschichte

1,3–4(5–7)8–11 Christi Himmelfahrt 181
OLM: (V. 1–11) Christi Himmelfahrt (A–B–C)

2,1–18 Pfingstsonntag 190
OLM: (V. 1–11) Pfingsten (A–B–C)

2,41a.42–47 7. So. nach Trinitatis 232
OLM: (V. 42–47) 2. Sonntag der Osterzeit (A)

9,1–9(10–20) 12. So. nach Trinitatis 256
OLM: –

19,1–7 Tag der Geburt Johannes des Täufers 337
OLM: (V. 1b–6a) Pfingstmontag (C)

Römer

2,1–11 Buß- und Bettag 323
OLM: –

3,21–28 Gedenktag der Reformation 346
OLM: (V. 21–25a.28) 9. So. im Jahreskreis (A)

6,3–8(9–11) 6. So. nach Trinitatis 228
OLM: (V. 3–11) Ostersonntag – Osternacht (A); (V. 3–4.8–11) 13. So. im Jahreskreis (A)

8,(12–13)14–17 14. So. nach Trinitatis 264
OLM: (V. 14–17) Dreifaltigkeitssonntag (B); Pfingstmontag (C); (V. 14–23) Allerseelen

8,18–23(24–25) Vorletzter So. des Kirchenjahres 318
OLM: (V. 18–23) 15. So. im Jahreskreis (A); (V. 14–23) Allerseelen

10,9–17(18) 17. So. nach Trinitatis 279
OLM: (V. 8–13) 1. Fastensonntag (C)

11,25–32 10. So. nach Trinitatis 247
OLM: (V. 13–15.29–32) 20. So. im Jahreskreis (A)

11,(32)33–36 Trinitatis 200
OLM: (V. 33–36) 21. So. im Jahreskreis (A)

14,7–9 Drittletzter So. des Kirchenjahres 314
OLM: 24. So. im Jahreskreis (A)

14,10–13 4. So. nach Trinitatis 219
OLM: (V. 7–9.10c–12) Allerseelen

14,17–19 18. So. nach Trinitatis 283
OLM: –

1. Korinther

1,18–25 5. So. nach Trinitatis 223
OLM: (V. 22–25) 3. Fastensonntag (B)

12,4–11 Pfingstmontag 195
OLM: (V. 3b–7.12–13) Pfingsten (A)

2. Korinther

9,6–15 Erntedanktag 332
OLM: –

Epheser

2,4–10 11. So. nach Trinitatis 251
OLM: 4. Fastensonntag (B)

2,17–22 2. So. nach Trinitatis 209
OLM: (V. 13–18) 16. So. im Jahreskreis (B); (V. 19–22) Jahresgedächtnis einer Kirchweihe

3,14–21 Exaudi 186
OLM: (V. 8–12.14–19) Heiligstes Herz Jesu (B)

4,22–32 19. So. nach Trinitatis 288
OLM: (4,30–5,2) 19. So. im Jahreskreis (B)

5,8b–14 8. So. nach Trinitatis 237
OLM: (V. 8–14) 4. Fastensonntag (A)

6,10–17 21. So. nach Trinitatis 297
OLM: –

Philipper

1,3–11 22. So. nach Trinitatis 301
OLM: (V. 4–6.8–11) 2. Adventssonntag (C)

3,7–11(12–14) 9. So. nach Trinitatis 242
OLM: (V. 8–14) 5. Fastensonntag (C)

3,17(18–19)20–21 23. So. nach Trinitatis 305
OLM: (3,17–4,1) 2. Fastensonntag (C)

Kolosser

1,(9–12)13–20 24. So. nach Trinitatis 309
OLM: (V. 12–20) Christkönigssonntag (C); (V. 15–20) 15. So. im Jahreskreis (C)

1. Thessalonicher

4,1–8 20. So. nach Trinitatis 292
OLM: –

1. Timotheus

1,12–17 3. So. nach Trinitatis 213
OLM: 24. So. im Jahreskreis (C)

2,1–6a Rogate 177
OLM: (V. 1–8) 25. So. im Jahreskreis (C)

2. Timotheus

1,7–10 16. So. nach Trinitatis 274
OLM: (V. 6–8.13–14) 27. So. im Jahreskreis (C); (V. 8b–10) 2. Fastensonntag (A)

1. Petrus

5,5c–11 15. So. nach Trinitatis 270
OLM: –

1. Johannes

4,7–12 13. So. nach Trinitatis 261
OLM: (V. 7–10) 6. So. der Osterzeit (B); (V. 7–16) Heiligstes Herz Jesu (A)

4,16b–21 1. So. nach Trinitatis 205
OLM: –

Offenbarung

12,7–12a(12b) Tag des Erzengels Michael und aller Engel 341
OLM: –

21,1–7 Letzter So. des Kirchenjahres 328
OLM: (V. 1–5a) 5. Sonntag der Osterzeit (C); Jahresgedächtnis einer Kirchweihe